AF139798

Thorolf Gorski

Das Leben ist schön, durch die Hintertür

Kurzgeschichten
Erzählungen
Fabeln
&
deine eigene Geschichte

Bibliografische Information der Deutschen Nationalbibliothek:
Die Deutsche Nationalbibliothek verzeichnet diese Publikation in der
Deutschen Nationalbibliografie; detaillierte bibliografische Daten sind
im Internet über www.dnb.de abrufbar.

Lektorat: Jutta Martini

Gestaltung und Satz: Thorolf Gorski

Herstellung und Verlag:

BoD – Books on Demand, Norderstedt

ISBN: 978-3-7386-0153-4

Für Frau D.
&
Keanu Semih

Es geht um dich

In Kurzgeschichten einzutauchen kann sehr viel Spaß machen. Es ist ein wenig so, wie in Fernsehprogramme hineinzuzappen. Genau so sind die Geschichten, die uns das Leben zuwirft.

Kurzgeschichten sind deshalb so besonders, weil wir in sie hineingeworfen werden und dann wieder herauskatapultieren. Am Ende einer jeden Geschichte stellt sich uns dann die Frage: Was hat das mit mir zu tun? Ich stelle dir dieselbe Frage.

Die Antwort darauf lautet: sehr viel! Denn du hast sie gelesen und wirst die gewonnenen Bilder mit eigenen Erfahrungen, Wünschen, Zuneigungen und Abneigungen abgleichen.
Genau dort, wo wir uns von einer Geschichte trennen, kann die eigene beginnen.

Dieses Buch gibt dir anhand von Kurzgeschichten, Märchen und Fabeln die Möglichkeit in dich zu gehen und aufrichtig zu sein. Alles, was du dazu benötigst, sind die eigenen Gedanken und ein Stift. Schreibe deine Gedanken auf, sodass sie nicht wieder verloren gehen. Solltest du dich für die **eBook**-Version entschieden haben, beachte bitte: Zettel und Stift sollten griffbereit liegen. Bitte schreib nicht auf deinen eBook-Reader. Das funktioniert nicht.

Ich wünsche dir viel Freude dabei, dich in diesen Geschichten selbst zu entdecken. Trage deinen Namen ein und los geht's.

Dein Name

Meine Welt

1

An den Ort seiner Kindheit zurückzukehren kann von unsagbar viel, aber auch von ungehörig wenig Bedeutung sein. Je nachdem.

Die meisten gehen zu einem Zeitpunkt ihres Lebens dorthin zurück, an dem es ihnen nicht besonders gut geht, andere aus Gewohnheit. Von Letzteren aber reden wir nicht.

Wir sprechen von jenen, die - mal sehr, mal nicht so sehr - betonen, sie hätten eine schlechte Kindheit gehabt.

Durchgängig? Das fällt mir schwer zu glauben – unwahrscheinlich …

Mich beschleicht zuweilen der Eindruck, vielen jener Menschen fehlt die Fähigkeit, den guten Teil zu sehen oder ihn, wenn sie ihn erblicken, zu ertragen. Das mag viele Gründe haben: bei einigen scheint er tatsächlich in Vergessenheit geraten zu sein, bei anderen wiegt der negativ belegte Part so schwer, dass sie ihn eigenhändig verwischt haben, um sich zurechtzufinden.

In jedem Fall jedoch gilt eine Gesetzmäßigkeit: Kehrt man zurück, kommt man vom Wunschort des Erwachsenseins zurück zum Ort der Wünsche; dem Quell von Vertrautheit – guter oder schlechter.

Um so jemanden, der sich nur dunkel erinnern mag, soll es gehen: meinen Freund Daniel.

Den größten Teil seiner Vergangenheit verbirgt er in nächtlicher Unruhe und undurchdringlichen Verhaltensmustern. Er hält ihn stets gut verhüllt.

Die Art Heilung, die ich diesem Ort, dem Ursprung von Fantasie und Leichtigkeit von Natur aus zuspreche, vermutet er, sei nicht existent. Er ist trotzdem sichtlich auf der Suche danach, doch zurückzugehen kommt für ihn nicht in Frage. Was er dort gelernt hat ist, sich fern zu halten.

Aus Mitleid habe ich beschlossen, etwas mit ihm zu teilen. Ich möchte ihm die Möglichkeit geben, wenigstens eine schöne Erinnerung in sich zu schaffen, die mit dem Wort „Kindheit" in Verbindung steht. So bringe ich ihn an den Ort meiner Kindheit, einem weitläufigen Waldgebiet an der schwedischen Westküste.

Der Wald ist still und schön. Das Moos leuchtet grün unter den hohen Fichtenstämmen, die sich aufgestellt haben wie stumme Wächter meiner Kinderträume. Ein Eichelhäher begrüßt mich aus den Wipfeln.

Daniel staunt über die kühne Wildheit dieses Ortes. Ich stelle fest, dass mein Freund gut hier hinein passt. Er ist selbst sehr kühn und wild, wirkt jetzt wie ein großes Tier. Seine breiten Schultern hängen ein wenig, seine Bewegungen sind behäbig, doch seine Augen sind groß. Er staunt mit glimmernden Blicken, bläht seine Nüstern und lobt die Freiheit, die er riecht. Er wird so still wie der Wald, scheint die angenehme, unvergängliche Feuchtigkeit wie vertrocknetes Moos in sich aufzusaugen, und bekommt ein seltenes Leuchten im Blick, als wir über Steinwälle hinweg und an Pilzfelder vorüber ziehen.

Es scheint Daniel hier sichtlich zu gefallen. Andächtig berührt er die Granitbuckel, die um uns aus der Erde steigen wie die Rücken einer Walschule. Er wirkt selig.

Wir nehmen den Weg hinunter zum Strand. Ich muss nicht lange überlegen, welche Richtung wir einschlagen. Trotzdem wundere ich mich. Einige Stellen des Waldes erkenne ich nicht wieder. Er wurde aufgeforstet. Der ausgezogene Wald befremdet mich, trotzdem finde ich meinen Weg entlang der alten Pfade.

Auf einmal allerdings kommen wir an eine Kreuzung, die ich nicht kenne. Da ist ein Weg, wo keiner war, ein anderer ist verschwunden. Es wachsen engmaschige Jungfichten darauf. Schon seltsam, wenn man gezwungen ist zum Landschaftsarchitekten seiner Erinnerungen zu werden.

An diesem Ort wurden meine Ideen geboren. Hier hat meine Fantasie ihren Lebensfunken erhalten. Ich glaube, er wird auch in Daniel entzündet werden können. Seine breiten Schultern hängen nicht mehr so, seitdem wir hier sind. Ich freue mich darüber.

Unser Weg führt aus dem Wald heraus, einen Abhang hinab, an dem junge Birken einander gegenseitig in die Höhe treiben. Der Himmel über uns wird weit, als wir an den verschlafenen Muschelstrand kommen. Ich kann nicht sagen, welche Jahreszeit wir haben. Vielleicht Herbst, vielleicht auch Frühling.

Das Wasser ist klar, die dunklen Küstenfelsen sehen gewaltig aus, und ungastlich.

Mein Freund sammelt ein paar Reste von Meeresbewohnern auf, lässt seine Finger über weißen Quarz und rohen Bergkristall gleiten. Er steckt ein paar davon in seine Jackentasche. Dann möchte er noch mehr sehen. Ich nicke und fordere ihn auf, mir zu folgen.

Muschelschalen krachen wie Eiskrusten unter unseren Gummistiefeln. Daniel geht aufrecht. Er sieht ruhig und zufrieden aus. Sein Blick wirkt aufmerksam und durstig.

Ich nehme mir vor, die Königsdisziplin mit ihm zu vollführen: den Granitfelsen zu besteigen. Dazu müssen wir ein Stück am Sund entlang, über weit reichende Rudel von Findlingen und nacktes Gestein. Später dann - an einer geeigneten Stelle, an die ich mich gut erinnere - wird der Fels wegsamer sein, um ihn nach oben zu führen.

Ich springe in sicherer Schrittfolge über das kalte Geröll. Rechts eine raue, steile Granitwand und ein schwarzes Bootshaus, links das Wasser, aus denen uralte Muschelbänke zu mir heraufwinken.

Als ich mich herumdrehe, sehe ich, dass ich einen beachtlichen Vorsprung habe. Ich bleibe stehen und warte.

Während ich ein paar Seeschnecken von den Steinen pflücke und sie ins Wasser kullern lasse, sehe ich Daniel zu. Er steigt vorsichtig von Stein zu Stein, lässt seine Füße tasten und die Sicherheit seines nächsten Schrittes testen. Er verlagert sein Gewicht nur zögerlich.

Sonst hat er einen festen Schritt, ist kühn und tapfer, manchmal überheblich. Er geht seine Wege sonst schneller und findet sich leicht zurecht, aber auf diesen Felsbrocken erscheint er mir hilflos, irgendwie unsicher. Mein Freund wirkt fremd auf mich.

Als er mich einholt, springe ich langsamer voran, warte seine Schritte ab, und ich hoffe, dass er sie mir nachmacht, denn sie sind erprobt.

Er folgt, jedoch weiter auf seine Art: tastend.

Ungeduld regt sich in mir.

Dann erreichen wir die Felswand – dort wo sie wegsamer ist. Ich greife nach jungen Bäumen, die mir verwurzelt genug erscheinen, dass sie mir kurz als Zug dienen können. Zum Auftreten sind Felskanten und Moosigel gut geeignet. Wie eine Gams schlage ich drei Haken auf dem Felsen und warte oben auf meinen Freund.

Er klettert unbeholfen, sein Gewicht nachschulternd, zögerlich - wie gehabt. Er rutscht sogar weg, greift nach einem kleinen Zweig, der ihn nicht halten kann, und ruft meinen Namen. Wieder zieht Ungeduld in mir auf - schließlich habe ich es ihm vorgemacht. Ich spiele mit einer Anleitung, wie er seine Füße zu setzen hat auf meiner Zunge, wie mit einer Zuckerperle. Daniel ist sonst kräftig und unverwüstlich wie eine Wildblume. In diesem Teil der Kulisse meiner Kindheit wirkt er jedoch schwerfällig und seltsam zerbrechlich.

Ich sage ihm nicht wie er aufzusteigen hat, gehe stattdessen ein Stück zurück und reiche ihm meine Hand, damit er sich nicht wieder auf den falschen jungen Baum verlässt. Er ist außer Atem, sieht mich verlegen an und macht sich daran, vor mir weiter zu klettern.

Jetzt sehe ich seine Schritte noch genauer. Er steigt nachfassend auf, stützt sich auf die Außenkante seiner Füße und schleppt sein Gewicht förmlich von Moosballen zu Moosballen. Stets droht er nach hinten zu fallen. Breiten Baumwurzeln, die am Felsen ragen, scheint er nicht zu trauen. Wenn er sein volles Körpergewicht einsetzte, sich auf seine Zehenspitzen verließe, tastete er flink und effizient, könnte sich bei Fehltritten schneller abstoßen, einen Satz zur Seite machen. Normalerweise lernt er nicht so langsam. Ich frage mich, ob er in diesem Moment überhaupt lernt.

Als wir endlich das Ziel erreichen, stößt er einen staunenden Laut aus. Er sieht über den Sund, lässt seinen Blick an den Silhouetten des fernen Festlandes entlang hangeln. Jetzt, da er wie ein König über mein Land blickt, schwillt seine Brust. Eigentlich ein Anzeichen für das, was ich mir für ihn wünsche. Seine Haltung jedoch kehrt sich plötzlich. Er wirkt, als falle er in sich zusammen, und als halte er seine Größe nur mühsam aufrecht. Er sagt, hier lerne man, was Weitblick sei, und dass er jetzt erst sehen würde, wie groß die Welt sein kann. Er sagt es, als fühle er sich klein.

Ich denke über seine Worte nach und muss gestehen, gerade erst zu erkennen, dass ich selbst sehr kurzsichtig bin. Daniel kann hier keine Heilung erfahren. Er kann bestenfalls für einen Moment frei atmen.

Ich komme mir schäbig vor, ihm auf diese Weise den Unterschied zwischen uns aufgezeigt zu haben. Wir bewegen uns seit jeher auf unterschiedliche Weise. Das wird auch sein Besuch in meinem Land nicht ändern.

Im Gegensatz zu ihm vertraue ich meinen Schritten, und verlasse mich auf die ausgesuchten Stellen, auf die ich meine Füße setze. Ich nutze mein volles Gewicht. Mein Freund aber wird auch in Zukunft zaudern und sich mit Vorsicht bewegen. Ich hatte gehofft, dieser Ort könne ihm dies nehmen, doch es wird eigentlich nur noch verstärkt, denn er wirkt ehrfurchtsvoll und eingeschüchtert. Es gereicht ihm nicht zum Schaden. Aber ich komme mir vor wie ein Angeber.

Meine Welt scheint bedrohlich, unwegsam und nicht fassbar für ihn zu sein.

Darin liegt die Ironie verborgen, denn hier habe ich gelernt, dass die Welt mich tragen kann.

Diese Geschichte setzt sich mit dem Gefühl von Heimat und Geborgensein, dass sich in der Persönlichkeit des Menschen äußert, auseinander. Vor allem aber mit der Erkenntnis, dass jeder seine eigene „Heimat" finden muss, die Auseinandersetzung mit seiner Herkunft und seiner Kindheit, mit den Dingen eben, die ihn geprägt haben.

Wo ist deine Heimat?
Schreibe auf woher du kommst. Wie war es dort?
Was ist deine lebhafteste Erinnerung daran?

Was hat dich geprägt? Was hast du aus deiner Kindheit mitgenommen, das du heute noch tust?
Formuliere kurz drei Dinge, die dich geprägt haben.

Zuletzt beantworte dir die folgende Frage:

Kann meine Welt mich tragen?

Das Seil zwischen Himmel und Erde

2

Ein schriller Ton reißt mich aus dem Schlaf.

Meine Alarmanlage. Mitten in der Nacht ist die Sirene lauter als beim Test im Baumarkt.

Markerschüttert werfe ich meine Bettdecke von mir. Noch bevor ich senkrecht im Bett stehe, schlägt mein Puls bis zu den heruntergelassenen Jalousien. Für Kreislaufprobleme hab ich keine Zeit. Gestatten, mein Name ist Horst Seehagel. Ich habe es eilig, denn meine Alarmanlage schreit mein Haus zusammen. Das Licht mache ich wohl besser nicht an. Wer weiß, wer soeben um mein Haus herum schleicht.

Ich versuche ein Geräusch in meinem Haus zu orten, das sich von dem der Alarmanlage unterscheidet, um herauszufinden wo sich die Täter befinden. Mein Kreuzhackenstiel lehnt neben meinem Bett am Heizkörper. Ich packe ihn und ziehe ihn schlagbereit an meinen Oberkörper heran.

Diese Halunken! Dachte ich es mir doch, dass sie eines Tages bei mir zuschlagen würden. Solange sie keine Schusswaffen bei sich tragen, haben sie sich jedoch den falschen Hausbesitzer für einen Einbruch ausgesucht. Aber wer außer einem Förster trägt auf dem Land schon eine Waffe?

Da! Ein Schaben und ein darauf folgender Knall an der Hauswand. Sie haben den Besen umgeworfen, der an der Hauswand lehnte. Gleich bei meinem Garten.

Ach so! Zur Terrassentür wollen sie hereinkommen. Na, dann mal rein in die gute Stube!

Ich bin stinksauer und mehr als wach.

Das Adrenalin verwandelt meine Augen in Katzenaugen. Ich

kenne mich gut aus in meinem Haus und sehe jetzt gestochen scharf im Dunkeln.

Ein Trappeln und Stolpern lässt sich vernehmen, begleitet von einem Grunzgeräusch oder einem Stöhnen.

Abgeschmiert würde ich sagen. Ich weiß schon, warum ich Löcher in den Garten gegraben habe.

Mittlerweile bin ich über den Flur hinunter ins Wohnzimmer gefegt. Zwar humple ich ein wenig seit meiner Kindheit, aber ich bin doch noch recht flink und vor allem großschrittig.

Wenn ich sie erwische, werden sie es nicht besonders leicht haben. Den Geräuschen nach zu urteilen sind es vier oder maximal fünf. Sie sind noch im Garten. Ich sehe einige Schatten über meine Beete huschen. Bio-Kartoffeln. Ich habe Bio-Kartoffeln angepflanzt, die gerade zertreten werden, wie es aussieht. Mit Stress auf der Stirn schalte ich meine Außenstrahler ein. Sie werden erschrecken und sich herumdrehen. Bis sich ihre Augen ans Licht gewöhnt haben, wissen sie, warum mich die Kinder in der Schule immer »Wildsau« genannt haben. Bis dann bin ich längst mit ihnen fertig!

Ohne zu schreien stürze ich auf die Terrasse hinaus, damit sie mich nicht orten konnten. Es sind insgesamt sieben Gestalten, die ich schemenhaft, aber zusammengestellt wie eine Traube vor mir im grellen Licht der Strahler ausmachen kann. Zwei Schatten huschen zu den Seiten weg. Sie verschwinden beim Gartentor, ein weiterer schießt durch den Knick.

Wildes Schnaufen fliegt im Garten umher, gefolgt von einem Angstschrei, als ich um die Ecke gestoben komme. Waffen haben sie keine. Zumindest keine Schusswaffen. Ich bleibe wie angewurzelt stehen und atme überrascht aus.

Vor 38 Jahren, ich war gerade elf geworden, zog meine Mutter mit mir von Bad Malente in die Holsteinische Schweiz in ein anderes Dorf. Es war weit weg von meinem Zuhause am Kellersee. Wir zogen in ein regelrechtes Kaff mit grauen Häusern irgendwo in Dithmarschen. Wald gab es dort keinen und einen See schon mal gar nicht – bloß eine Landschaft, die sich deutlich von meinem Zuhause unterschied. Flacher Boden, so weit das Auge reichte, und gleich darüber fing der Himmel an. Auf dem Horizont tänzelten ein paar Schafe herum, wie Seiltänzer. Aus der Nähe habe ich, bis auf ein Versehen, nie welche gesehen in Dithmarschen, ausschließlich am Horizont.

Nur widerwillig ging ich in die Marner Schule und stellte mich der Klasse vor. Ich war größer und schlaksiger als die kleinen spackigen Kohlköpfe. Lieber Fischkopf als Kohlkopf, sagte meine Mutter immer. Warum sie mich trotzdem zwang, dort hin zu ziehen, weiß ich nicht. Die Ditschies, wie ich sie nannte, waren regelrechte Zwerge mit fiesen Gesichtern und schlichen in der Pause um mich herum, als wäre ich der Troll, der ihnen einen Schatz – wahrscheinlich einen Wintervorrat an Spitzkohl – strittig machen wollte. Sie zischten mich von der Seite an. Manchmal stahlen sie mir mein Pausenbrot aus der Schultasche. Das machten sie jedoch genau so lange, bis ich eine aufgespannte Mausefalle in meiner Schultasche platzierte und so herausfand, wer sich an meinem Ranzen zu schaffen machte.

Ein rot gelocktes, burschikoses Mädchen mit Sommersprossen und funkelnden Augen, die jederzeit einen Plan zu schmieden schienen, trug eine böse Quetschung davon, alle lachten sie aus und ich bekam einen Tadel. Unbeeindruckt verbrachte ich die Pausen mit sturem Blick auf die Schulglocke, den Unterricht mit eisernem Blick an die Tafel.

Freunde fand ich keine, also zog ich in den großen Ferien allein los, um das Ende des Horizontes zu erkunden. Ich kletterte nachmittags über Zäune und Drainagegräben, stiefelte über Salzwiesen und Kohläcker und so ging der erste Sommer in Dithmarschen an mir vorüber, wie in Trance.

Eines Tages, kurz bevor die Schule wieder beginnen sollte, nahm ich mir dann vor, ein Schaf aus der Nähe zu sehen. Ich lief an diesem Tag weiter, als ich den gesamten Sommer gelaufen war, und fand schließlich auch eines. Allerdings musste es sich verlaufen haben, denn sobald es bemerkte, dass ich auf es zuging, rannte es wie der Blitz vor mir davon. Ich lief so schnell ich konnte, doch es war schneller als ich. Es sprang wie mit einem Satz zum Horizont, und reihte sich neben die anderen Schafen auf das Seil zwischen Himmel und Erde.

Als ich mich resigniert herumdrehte, um nach Hause zu gehen, sah ich hinter mir eine Horde Dithmarscher Schulzwerge. Sie mussten hinter mir her gelaufen sein, wie ein Spähtrupp. Jetzt, da ich sie ansah, blieben sie abrupt stehen und begannen zischend zu tuscheln.

»Guckt mal, die Malente-Ente jagt ein Schaf!«, brüllte einer mit einer Stimme so schrill wie Kreide, die auf Schiefer entlang gezogen wird.

In ihrer Mitte stand die Sommersprossendiebin und zeigte mir ihren neuerdings krummen Mittelfinger mit den spitz gefeilten Fingernägeln. Sie waren schmutzig und sahen aus wie giftige Krallen.

Ich reagierte nicht auf den Satz des einen Zwerges und beschloss, in einem Bogen um sie herum zu gehen. Sie gingen jedoch rückwärts vor mir her und zischten weiter irgendwelches Zeug. Ich vergrößerte meine Schritte und schaffte es bald, mit ihnen auf selber Höhe über die Salzwiese zu laufen.

Kaum, dass ich ihnen dann den Rücken zuwenden konnte, weil mein Schritt es mir erlaubte, schneller zu laufen als sie, begann die Kreidestimme erneut zu schrillen: »Malente-Ente redet nicht mit uns!«

»Genau!«, dröhnte ein anderer. »Er fühlt sich, weil er größer ist als wir und weil seine Mutter eine Lehrerin ist!«

»Sie ist eine Schlampe, hat meine Mutter gesagt!«

»Ja, meine auch! Malente-Ente ist der Sohn einer Schlampe.«

Ich lief schnaufend vor ihnen her und scherte mich nicht um die Dreckszwerge. Mit der Zeit wurden meine Beine jedoch müde und ich verlangsamte meinen Schritt.

Die Zwerge zischten noch immer wildes Zeug in meinem Rücken und holten ein Stückchen auf. In einiger Entfernung tauchte das Gatter auf, durch das ich auf diese Koppel gekommen war und ich lief weiter darauf zu.

Eines will ich zum Dithmarscher Zwergenvolk sagen: Man darf sie keinesfalls unterschätzen. Selbst wenn sie trippeln, sind sie schneller, als man erwartet, denn einer von ihnen brüllte mir plötzlich von hinten ins Ohr: »Deine Mutter ist `ne Schlampe, weil sie nicht verheiratet ist und trotzdem ein Kind hat!«

»Ein Kind? Seht ihn euch an, er ist viel zu groß«, kreischte jemand links hinter mir, ebenso unerwartet nah. »Er ist `ne Missgeburt!«

»Schlampen-Missgeburt!«, sangen sie im Chor und amüsierten sich auf meine Kosten.

Plötzlich traf mich ein Stein im Rücken. Kein großer, aber es schmerzte. Ich lief weiter auf das Gatter zu. Ein Stock piekste mich von hinten, während alle lachten. Vielleicht kam es daher, dass ich mich nicht auf ihr Kriegsangebot einließ, aber sie schienen es mir übel zu nehmen und trippelten noch näher an mich heran.

Dann trafen mich weitere Stockspitzen an den Armen und schmerzhafte Tritte von metallen erscheinenden Zwergenfüßen in den Hintern. Etwa zwanzig Meter vor dem Gatter reichte es mir dann. Meine Wut kochte hoch und schäumte über. Entschlossen drehte ich mich herum, packte zwei der zappelnden Schrumpfgermanen am Kragen und schlug ihre Köpfe zusammen. Während sie nach ihren wachsenden Beulen tasteten, rannte ich zwei weitere mit den Schultern um.

Die letzten drei der sieben Zwerge flohen kreischend vor mir und schwärmten aus. »Er ist ne Wildsau! Eine Wildsau!«, gellten sie und feuerten mich dadurch im Grunde bloß an.

Denn während sich Sommersprosse mit dem krummen Finger immer weiter in Richtung Horizont entfernte und dabei am lautesten von allen schimpfte wie ein Rohrspatz, schoss ich wie ein Jagdhund über die Wiese und griff mir die verbliebenen Zwei. Ich schleuderte die beide Schreihälse durch die Luft, sodass sie ächzend auf dem harten Salzboden aufkamen, der eine mit dem Gesicht zuerst in einem Haufen Schafscheiße und der andere woanders.

Sommersprosse war weit weg gerannt und außer Gefahr.

Ihr Glück!, dachte ich bei mir und stapfte wutschnaubend durch mein Schlachtfeld, wieder auf das Gatter zu.

Kurz bevor ich es erreichte und mich daran machte, darüber zu klettern, um die Wiese zu verlassen, durchzog mich ein Schreck und zeitgleich ein ziehender Schmerz in meinen Kniekehlen. Es folgte ein Fauchen und Sommersprosse zog mir ihre Giftkrallen durch den Stoff meines Hemdes. Sie bohrten sich tief in meinen Rücken. Ich verlor die Kontrolle über meine Beine, stolperte nach vorn und schlug mit dem Kinn auf das Stahlgatter. Sommersprosse sprang behände darüber hinweg und ließ mich auf meinem eigenen Schlachtfeld zurück. »Wildsau!«, schrie sie und verschwand im grauen Dorf.

Ich sagte es ja bereits: Sie sind klein und schauen verschlagen drein, aber sie sind schnell und keinesfalls zu unterschätzen! Seither konnte ich nicht mehr richtig gehen.

Die Kinder ließen mich nach diesem Sommer zwar in Ruhe aber den Namen »Wildsau« hatte ich seither auf jeden Fall weg! Dabei hatten sie sich wie wilde Schweine verhalten, bis ich zurückschlug. Na ja, ich fand »Wildsau« besser als »Malente-Ente«, schlug mich fortan humpelnd durch und zog zurück an den Kellersee zurück, sobald ich alt genug war.

Meine Mutter habe ich seitdem nicht mehr bei ihr zu Hause

besucht.

Das Gartentor ist aufgestoßen worden, dort sind die ersten zwei hin verschwunden, weitere rennen hinter ihnen her und verschwinden auf dem Fußweg, der von meinem Haus zum Kellersee führt. Einer von ihnen jedoch versucht durch die Eisenstäbe des Gartenzaunes zu schießen und verkeilt sich.

Vor mir sehe ich eine etwa 50 Kilo schwere Bache, die ihren Kopf vergeblich versucht, weiter durch die Eisengitter zu schieben. Sie schnauft und hat Angst.

Die anderen Wildschweine aus ihrer Rotte sind bereits auf und davon.

Ein Schmunzeln zieht mir die Anspannung aus dem Gesicht und lindert meine Aufregung. Schließlich lache ich erleichtert auf und überlege, wie ich dem armen Ding helfen kann. Ein Blick zu meinem Kreuzhackenstiel bringt mich auf eine Idee. Ich nutze ihn als Stemmeisen und helfe der Bache, ihren Kopf zu befreien.

Sie sieht kurz zu mir auf, bevor sie grunzend hinter den anderen durch das offene Gartentor rennt. Ich schüttle mit dem Kopf und rufe ihr hinterher: »Wir Wildsäue müssen doch zusammenhalten!«

Hier klemmt die Sau

Sieben Wildschweine wühlen den Bio-Garten durch.
Ein Tier bleibt auf der Flucht im Zaun stecken.

MARNE - Achtung, schweinisch! Eine außergewöhn-
liche Bekanntschaft machte Horst Seehagel auf seinem
Grundstück in Marne in Dithmarschen: Eine Rotte von
sieben Wildschweinen zugleich hatte es in der Nacht zu
Freitag auf der Futtersuche in seinem Garten verschlagen. Als der Hobby-Bio-Gärtner die vermeintlichen
Raudis mit Flutlicht stellen wollte, flüchteten die Bors-
tentiere vom Grundstück herunter. Dabei geriet eine
etwa 50 Kilo schwere Bache mit ihrem keilförmigen
Kopf zwischen den Stäben des eisernen Gartenzauns -
ein dickes Ding! Horst Seehagel blieb gelassen und befreite das Tier mit einem Kreuzhackenstiel als Stemmeisen. Angst, von der wilden Sau über den Haufen gerannt
zu werden, hatte er nicht: »Ich habe auf dem Land gelebt«, winkt er ab. »Ich bin als Kind mit Wildschweinen
groß geworden.«

Warst du auch schon einmal in einer beängstigenden Situation? Hast du vielleicht Angst gehabt vor Schatten, die du dir nicht erklären konntest? Ängste sind häufig sehr präsent. Der Grund: Sie wollen beachtet werden und das sollten wir. Wenn wir uns mit ihnen beschäftigen, sie verstehen wie einen Gast, dann können wir sie verarbeiten und bald auch wieder verabschieden.

Schreib auf, wann du einmal Angst gehabt hast und was du befürchtet hast.

Wovor hattest du Angst?

Ist schon einmal Angst von dir abgefallen, weil du dir umsonst Sorgen gemacht hast?

Fassekurz zusammen, wie es für dich war, als die Angst einfach verpufft ist.

Wie war es, Angst loszulassen?

Der gelbe Junge und der Himmelsschlüssel

3

Es ging bereits auf die heiß ersehnten Abendstunden zu. Für Yuen war er kaum zu erwarten, weil ihre beiden Väter sie bereits am Nachmittag mit einem aufgerüschten Sommerkleid ausgestattet hatten, das sie in der Nachmittagssonne aussehen ließ wie ein Himmelsschlüssel; für Raphael und York, weil sie mit väterlicher Freude sahen, wie sehr sich ihre Tochter auf das Zirkuszelt - das verzauberte, so hatten sie ihr gesagt - freute.

York war zusammen mit Yuen in ihrem Zimmer gewesen, um ihr in das neue Kleid zu helfen. Die Kleine hatte an der Bettkante gestanden und nachdenklich an der Spitze des Kleides genestelt, das vor ihr lag. Ihr Vater hatte bemerkt, dass Yuen auf etwas herumkaute, und schließlich war sie damit vorgekommen: »Was, wenn ich Zirkus nicht mag?«, lauteten ihre leisen Bedenken.

»Das ist kaum möglich. Du warst ja noch nie im Zirkus, Kleines. Erst ausprobieren, dann sehen, ob es dir gefällt oder nicht«, hatte York gegengesteuert.

»Warst Du denn schon mal da?« Ihre kleinen schmalen Äuglein hatten sich zu großen Mandeln geweitet.

»Natürlich!«

»Susanna aus meiner Klasse auch. Sie hat gesagt, es stinkt und die Ponys kacken auf die Bühne.«

York hatte hinter seiner Tochter gehockt und sich ein Lachen verkneifen müssen. Zum Ersatz hatte er einen ermahnenden Ausdruck aufgelegt, während er das Glockenblumenkleid hochnahm und über das glatte Haar seiner Tochter streifte. »Yuen! So etwas sagt man nicht. Und außerdem gibt es im Zirkus gar keine Bühne. Bei einer Bühne sitzen alle hintereinander und die Künstler treten vorne auf. Im Zirkus sitzen alle drum herum und die Artisten kommen in die Mitte. Deshalb nennt man die Bühne im Zirkus Manege.«

Altklug hatte sie sich zu ihm umgedreht und ihn in Frage gestellt: »Ich denke, es gibt keine Bühne?«

»Hab ich ja gesagt. Es heißt Manege.«

»Hast du nicht. Du hast gesagt, die Bühne heißt anders. Und Neger sagt man nicht!«

»Manege, Kleines, es heißt Manege.« Yuen hatte das fremd klingende Wort leise wiederholt und dann gefragt, was in einer Minäse denn passieren würde.

In diesem Moment war Raphael herein gekommen. Er hatte vor der Tür gestanden und sich still amüsiert, sich ein großes Handtuch um die Schultern gelegt, so wie er es immer tat, wenn er Märchen vorlas und dann die Tür aufgestoßen. »Meine sehr verehrten Damen und Herren« hatte er ausgerufen. Dann war er hereingesprungen gekommen und hatte einem Zirkusdirektor gleich verkündet, mit welcher Pracht die Artisten, mit welchem Mut die Löwenbändiger und mit welcher Anmut die Schlangenmenschen verzaubern würden.

Das Zelt, so hatte er gesagt und das Geschichtenhandtuch wie einen Zauberumhang vor sein Gesicht gehalten, wäre magisch und würde kleine Mädchen noch während der Vorstellung in Prinzessinnen verwandeln. Allerdings nur solche, die ein gelbes Kleid trügen.

Yuen hatte sich ungeduldig das Haarband von York binden lassen und war dann jauchzend in Raphaels Arme gesprungen. Danach hatte sie von nichts anderem geredet als von der verzauberten Zirkuswelt und mit kindlicher Akribie erfragt, wie die Verwandlung in eine Prinzessin genau vonstatten gehen sollte.

»Es beginnt mit einem Kribbeln im Bauch und wenn deine Aufregung so stark ist, dass du es beinahe nicht mehr aushältst und du so laut über die Clowns lachen musst, dass du dir den Bauch halten musst. Dann verwandelst du dich vom Bauchnabel aus in eine hübsche Prinzessin«, hatte er ihr geantwortet und sie dann Geheimnisse kremend zu sich hinter das Geschichtenhandtuch gewunken. »Die anderen können es nicht sehen. Aber wir wissen es ja.«

»Was wissen wir?«, hatte Yuen eingeschworen und aufgeregt geflüstert.

»Dass du heute Abend eine Prinzessin sein wirst. … Und jetzt sei schön brav. Wir gehen in zwei Stunden erst los. Keine Schokolade und kein Getobe, sonst ist dein Kleid hin, bevor wir dort ankommen, Princessa! Abgemacht?«

Mit einem leuchtenden Nicken hatte Yuen zugestimmt, war durch die Wohnung getänzelt und hatte sich schließlich auf dem Sofa im Wohnzimmer niedergelassen. Dort hatte sie sich das Buch über Zirkustiere angesehen und es immer und immer wieder durch jenes ersetzt, in dem die Magd zur Prinzessin wird. Manchmal war dabei ein verträumtes, ein anderes Mal ein verzücktes Lächeln über ihre Wangen geglitten und sie hatte sichtliche Mühe gehabt, den Startschuss geduldig abzuwarten.

Doch er kam wie versprochen. Sie war aufgesprungen, zur Tür gerannt und in ihre Schuhe geschlüpft. In Nullkommanichts hatte sie abmarschbereit vor der Eingangstür gestanden und ihre Väter gedrängt, sich eilig in ihre Mäntel zu begeben.

Auf dem Weg zum Zirkus löste sie sich leise von Raphaels Hand und sprang in ihrem gelben Kleid über die Gehwege, bis sie schließlich mit großen staunenden Augen vor dem mächtigen Zelt zum Stehen kam.

Auf dem gelb gestreiften Dach wehten weite Wimpel. Sie wurden von der tief stehenden Sonne gestreichelt und gaben sich dem Wind hin. Von Ungefähr brachte ebendieser Wind den Geruch von Stroh und Heu und Tierkäfigen mit sich. Er streifte über das herunter getretene Gras und an Yuens Wange vorüber, um ihren Blick durch das Geschehen zu lenken.

Ein dunkelhäutiger Mann in Pumphosen führte ein Kamel an Zaumzeug an den wartenden Zuschauern vorüber; zwei Clowns wandelten zwischen den Wanderwagen und Yuen beobachtete alles mit zarter Neugier. Zwischendurch fühlte sie immer wieder ihren Bauch durch das Kleid ab und ihre Väter amüsierten sich leise darüber, dass ihre Kleine in keinem Fall riskieren wollte, den Beginn der Verwandlung zur Prinzessin zu verpassen.

»Ich bin aufgeregt«, sagte Yuen mehr zu sich als zu ihren Vätern. »Ich glaube, ich merke schon was.« Sie hielt sich, nach Sicherheit suchend, an Raphaels Manteltasche fest.

Dieser beugte sich zu ihr hinunter und flüsterte ihr zu: »Es geht erst los, wenn wir drinnen sind im Zelt. Das, was du jetzt merkst, sind erst die Vorbereitungen.«

Yuen sah ihn verdutzt an. »Was, es wird noch schlimmer?«

»Ist es denn schlimm?«

Sie nickte still und schob nach: »Es fühlt sich an, als ob ich dringend mal muss.«

»Vielleicht ist es das auch. Willst du zur Toilette?«

Yuen sah abschätzend in die Menschentraube, die sich vor dem Eingang des Zeltes befand und auf den Einlass wartete. Sie beschloss: »Nein, ich war schon zu Hause. Es ist die Verwandlung.«

Keine zwei Minuten später öffneten sich die schweren Zeltwände und gewährten den Wartenden Einlass.

York hielt einem puppengesichtigen Mann mit Zylinder die Eintrittskarten entgegen. Dieser nahm sie um sie einzureißen und streichelte dann mit seinen Glacéhandschuhen über den Kopf des Kindes. Er lächelte das Chinesenkind mit weitestgehend unbewegter Miene an. Er schien ihr glitzernde, dunkle Steinchen anstelle von Augen zu haben, so das Yuens Aufregung wuchs und sie beklommen nach ihrem Bauchnabel tastete.

Der Weg zu ihren Plätzen in den kleinen Abteilen neben der Manege war ein einziges Gedrängel.

Yuen hatte den Eindruck, als würden einige andere Kinder ebenfalls nach ihrem Bauch tasten, und sie wurde etwas unmutig darüber, dass es nach der Vorstellung möglicherweise von jungen Prinzen und Prinzessinnen nur so wimmeln könnte, doch dann fielen ihr Raphaels Worte wieder ein. ›Nur wir wissen darüber Bescheid‹ und ›Nur, wenn sie gelbe Kleider tragen.‹

Keines der anderen Kinder trug ein gelbes Kleid. Und so schickte sie sich beruhigt an, möglichst würdevoll Platz zu nehmen, war sie doch gewiss, zwar nicht das einzige aufgeregte Kind zwischen den Zuschauern zu sein, jedoch die Einzige, die echtes Verwandlungspotential mit sich gebracht hatte.

Die anderen Kinder waren alle europäisch, von blasser Hautfarbe und längst nicht so schön angezogen wie sie selbst. Sie war sicher: Ihr fremdes Aussehen, für das sie in der Vorschule bereits schief angesehen worden war, die Besonderheit, dass sie zwei Väter hatte, wofür sie sich ebenfalls gegen ihre Mitschüler hatte durchsetzen müssen, ihr eignes Wissen um das Geheimnis und das zauberhafte, hellgelbe Kleid gaben ihr einen deutlichen Vorsprung in Sachen: Auserwähltheit zur Verwandlung.

Doch so sehr die Gedanken auch in ihrem hübschen Asiatischem Kindergesicht deutlich wurden, so schnell vergaß sie alles, als das Licht ausging. Ein Lichtkegel fiel von oben in die Manege herab. Ein Trommelwirbel erklang aus dem Nichts.

Dann ging ein Vorhang auf und ein Bestand von bunt geschmückten, herrenlosen Pferden trabte herein, um wie in einem Karussell durch die von Spänen bedeckte Runde zu ziehen. Auf ihren Köpfen hielten prachtvolle Federn sich wie von Zauberhand, einem Horn ähnelnd, nur wehend und ein besonders mutig aussehendes Pferd unter den anderen hatte einen Sattel aufgespannt. Darauf ein kleiner gelber Junge reitend, der Yuen im Vorüberkommen anschaute. Sie umklammerte das hölzerne Geländer vor sich, dass sie von der Manege trennte, und war sich gewiss: dieser kleine chinesische Junge war ein Abgesandter, um sie mit sich zu nehmen. Beinahe atemlos bemerkte Yuen, wie eine Gänsehaut sich über ihren kleinen Körper zog und sie hatte keine Zweifel mehr daran, dass nun die Verwandlung begonnen hatte.

Mit Funken sprühendem Gesicht drehte sie sich zu ihren Vätern herum, die ihr verheißungsvoll zunickten. Es sollte bedeuten: »Wir sehen, dass es dir gefällt« und Yuen hatte durch ein Leuchten auf den Wangen geantwortet: »Ja, und ich bin jetzt eine Prinzessin.«

Es kam Raphael beinahe vor wie ein freudiger Abschiedsgruß von Yuen, denn für den Rest der Vorstellung kam ihr Blick nicht mehr von der Manege los. Stattdessen klammerte sie sich mit kindlicher Inbrunst an das Geländer ihres Abteils und versank zwischen den verzaubert aussehenden Schlangenmenschen.

Sie lachte glockenhell über die Clowns und blickte mit unschuldiger Ehrfurcht zu den Löwen, die ein roter Mann in Uniform über Zylinder und durch Feuerringe springen ließ.

Seine Peitsche flog in ausgefeilten Bögen durch die Manegenluft und mit jedem Knall zählte der Countdown, da Yuen ganz im Zirkusgeschehen verschwand.

Ein Löwe, der besonders nah an Yuens Platz herankam, bereitete ihr Herzklopfen. Doch sie hielt sich wacker und wischte, statt ängstlich zurück zu weichen, ihr gelbes Band aus den Haaren. Es landete hinter ihr auf dem gespänten Fußboden.

York und Raphael sahen einander zufrieden an, als wollten sie sagen: »Wir haben es geschafft. Unsere Kleine ist wieder einmal glücklich. Wir sind gute Väter.«

Raphael hob das Haarband seiner Tochter auf und ließ es bedacht durch seine Finger gleiten. Er pflückte lächelnd einige Holzspäne vom Stoff und dachte daran, dass Yuen klug gehandelt hatte, auf ihrem Kopf nun doch Platz für ein Krönchen zu schaffen.

Die Vorstellungen waren mitreißend, doch viel hinreißender fand es Raphael zu sehen, wie seine Tochter gebannt auf die Manege schaute. Sie schien zwischen Spannung und Entzücken hin und her zu taumeln, um schließlich immer wieder Haltung anzunehmen, damit sie zu jeder Zeit bereit sein konnte, den Weg zur Krönung anzutreten.

Er versank in seiner Fantasie, in der ein Pierrot auf ihre Sitzplätze zukam um Yuen zu krönen. Der Weißclown mit einer Träne auf der einen und einem Stern auf der anderen Wange, machte eine Verbeugung vor der kleinen Familie und lud Yuen ein, mit ihm in die Manege zu kommen. Aus einem kleinen Kästchen holte Pierrot eine kostbare Krone. Ebenso kostbar wie seine Tochter.

Erst Yorks zärtliche Berührung an der Hand holte Raphael aus dieser Traumwelt zurück in die Manege. Die Vorstellung war vorüber, die Leute klatschten und Yuen setzte sich von der nun gelösten Anspannung erschöpft auf ihren Sitz, um tief darin zu versinken. Auch sie war sich darüber im Klaren, dass mit Beendigung der Vorstellung nun auch der Prinzessinnenzauber vorüber war, und sie atmete seufzend auf, um ihr Band selbst wieder ins Haar zu bringen und zu signalisieren, sie sei bereit, wieder nach Hause zu gehen. Auf dem Weg aus dem Zelt hinaus blieben die drei andächtig und tauschten weder Worte noch allzu viele Blicke.

Erst draußen in der fortgeschrittenen Dämmerung, in der sie der warme Abendwind mit sanften Wogen begrüßte, begannen York und sein Freund wieder zu sprechen. Irgendetwas, das Yuen nicht verstand und York löste sich aus dem Gespann, um erst Minuten später mit einer Wolke in der

Hand zurückzukehren. Sie weckte Yuens Interesse, denn sie hatte nie zuvor Zuckerwatte gesehen, und löste sich aus ihren Überlegungen, wie sie es ihren Vätern beibringen sollte, dass sie beschlossen hatte, zum Zirkus zu gehen. Sie war sich sicher, dass der gelbe Junge ihr ein guter Freund und Gefährte sein konnte, um ihr in dem neu erwählten Leben beim Zirkus hilfreich zur Seite zu stehen.

Als sie die Wolke in Yorks Hand als eine verzauberte Nascherei erkannte, kamen ihr jedoch Zweifel, ob nicht die wahren Zirkusleute, die ihr viel vertrauter waren und seit jeher an ihrer Seite gewesen waren, ihre Väter sein mussten. Sie nahm die Zuckerwatte in die Hand und befühlte sie bedächtig. Sie fühlte sich sogar an wie ein Himmelsgefährt, roch süß und weich und schmeckte so, wie sich Yuen die Speisen der Engel vorstellte. Also verwarf sie ihre Pläne erst einmal und ließ sie erst wieder leise in sich aufsprudeln, als sie den halben Weg nach Hause genommen hatten.

Die Wolke am Stiel war mittlerweile zu einem kleinen Schönwetterwölkchen geschrumpft, Yuens Mund war voller Zucker und ihre Hände waren klebrig geworden.

Erst jetzt hatten York und Raphael damit begonnen über den Besuch im Zirkus zu reden und sich gegenseitig in ihrer aufgekommenen Begeisterung aufzuschaukeln. Sie schwärmten, wandten sich nur selten zu Yuen herab und feierten ihr leichtes und angenehmes Dasein mit einem Kuss auf die Wange und einem ausgelassenen Tanz durch die Gassen.

Es schien Yuen, als würden unter den glänzenden Schuhen ihrer Väter kleine Wolken auf der Straße erscheinen, die sie mit Leichtigkeit besteigen konnten. Sie schienen von einer zur nächsten zu tänzeln und drehten sich in einem schimmernden Licht, bei dem sich Yuen nicht sicher war, ob es von der sanft orange scheinenden Straßenlaterne stammte oder vom Himmel selbst herab zu ihnen gesandt wurde. Sie überlegte, ob sie es ihnen jetzt bereits oder lieber zu Hause sagen sollte, dass sie möglichst schnell erwachsen werden und sich dem gelben Jungen anschließen wollte.

Erst als sie an dem Park vorüberkamen, in dem wilde Brombeerbüsche ihre süßen Früchte und letzten Blüten verführerisch zwischen den Dornen anpriesen, ließ Yuen die geschrumpfte Zuckerwatte neben sich sinken. Sie fasste sich ein Herz und legte sich kindlich ernste Argumente zurecht, um ihre Väter davon zu überzeugen, dass sie im Zirkus gut aufgehoben wäre und sie sich nicht um sie zu sorgen bräuchten, denn sie sei bei dem gelben Jungen in guter Gesellschaft. Sie wollte es wagen, bald schon allein in die Welt zu gehen und eben jetzt darüber zu sprechen.

Yuen blieb einen Moment lang stehen und stützte sich auf einen Stapel Backsteine, die auf dem Gehweg aufgestapelt standen und darauf warteten, zu einem neuen Gehweg durch den Park verarbeitet zu werden.

Gerade als York sich in der Entfernung aus einer Drehung löste, Raphael auf Yuen zukam und York einen Kuss auf seinen Handrücken drückte, um ihn mit einem springenden Geräusch zu ihnen herüber zu schießen, kamen Stimmen aus dem Park zu ihnen, die nicht in die Stimmung des jungen Abends passen wollten.

Die Stimmen drangen mit einer verzerrten Rohheit aus den Brombeeren hervor und wurden vom Laub der Bäume auf die kleine ungewöhnliche Familie zurückgeworfen.

Eine vorwurfsvolle Frage brachte York dazu, sein Lachen erstarren zu lassen und sich mit ernstem Blick zu einer auftauchenden Gruppe junger Männer zu wenden. Diese, gerade eben zwischen Jugend und Erwachsenwerden, bauten sich vor York auf wie ein Trupp Soldaten. Einer der düsteren Burschen grinste höhnisch und warf York etwas Gemeines zu. Ein anderer wollte nicht richtig stehen bleiben und verlagerte sein Gewicht von einem Bein aufs andere, so als würde er wippen.

Raphael, von unerklärlich plötzlicher Ernsthaftigkeit ergriffen, schob Yuen unsanft ein Stück weit vor und ermahnte sie, in einem Hauseingang auf der gegenüberliegenden Straßenseite auf ihn und York zu warten.

Sie war brav und leistete seiner Anweisung verunsichert Folge. Sie überquerte flugs die leere Straße und lief mit Herzklopfen in einen Hauseingang.

Raphael war stehengeblieben, um sicherzugehen, dass Yuen in Sicherheit war, um nun verstärkend an Yorks Seite zu eilen, doch hinter ihm war bereits eine unsanft klingende Auseinandersetzung im Gange.

Yuen erkannte, dass York in Handgreiflichkeiten verstrickt war und dass Raphael seinen Schlüssel aus der Manteltasche gezogen und die einzelnen Schlüssel wie Stacheln zwischen seinen Fingerknöcheln heraus ragen ließ. Sie blitzten im Laternenlicht.

Die dunklen Halbstarken hatte ihre Brustkörbe anschwellen lassen und damit begonnen, bedrohlich gestikulierend und laut um York herumzugehen, bis dieser ebenso laut widersprach und eine Warnung ausrief. Die Resonanz darauf war ein Schlag in seine Magengegend, die seinen Körper wie eine Flamme im Wind nach unten bog.

Yuen erschrak und fasste sich an die Stelle, an der sie noch kurz zuvor hoffnungsvoll auf eine Verwandlung gewartet hatte. Sie wollte hinter Raphael her zu York eilen, um ihm zu helfen und die Fremden zu vertreiben, doch gehorchte sie den Anweisungen ihres Vaters, sich im Verborgenen zu halten.

Dieser war mittlerweile nahe an die Gruppe herangekommen und schlug sich mit warnendem Rufen dort hinein.

Die Fremden hielten für einen Moment inne und ließen von seinem Geliebten ab. Es sah für Yuen so aus, als hätten sie

Respekt vor Raphaels großer Erscheinung und ihrem Bauch wurde eine kurze Erleichterung beschert. Nur war dies Gefühl von kurzer Dauer. Denn der Wippende, der, sein Gewicht verlagernd, neben den still Gestandenen im Halbkreisen tänzelte, schien sich ersehnterweise ein Herz zu fassen und machte zwei große Schritte in die gespaltene Menge hinein. Er trat mit einer Wucht, die ihresgleichen suchte, in Yorks Beine.

Yuen schrie leise und hielt sich an der kalten Hauswand fest, in deren Schutz sie stand.

York fiel seitwärts zu Boden, Raphael hielt seine Stacheln drohend aufrecht und beugte sich zu seinem Lieben hinunter. Doch der Wippende hatte erst angefangen. Er drosch auf Raphaels Rücken ein, dass dieser auf York hinunter fiel und ihn mit seinem Gewicht zu erdrücken schien. York wehrte sich gegen die Schlüssel seines Freundes, die ihm in den Rücken fielen und warf sich zur Seite, um schnellstmöglich wieder auf die Beine zu kommen.

Der Wipper hatte allerdings nur darauf gewartet, dass einer von beiden wieder aufstand und schlug York mit der nackten Faust krachend ins Gesicht, sodass dieser rückwärts zurück auf den Boden fiel.

Ein anderer trat Raphael in den Bauch und genoss es offenbar, ihn vor Schmerz ächzen zu hören, denn er lachte dabei laut und triumphierend auf. Als York sich aufwandte, goss ihm einer aus dem halbstarken Trupp den Inhalt einer Bierflasche über den Kopf. Es bahnte sich schnell seinen Weg bis zu seinen Unterkleidern und ließ York hilflos erschaudern.

»Na«, beugte sich der mit der Bierflasche zu ihm hinunter. »Bist du noch immer schwul?«

Als wäre dies durch einen Schlag abgeworfen und die Redlichkeit dieser Frage bezweifelnd, zog York einen Mundwinkel hoch und antwortete beißend: »Nein, du hast mich soeben geheilt.«

Der Bierkipper richtete sich auf und sah sich nach Anerkennung haschend zu seinem Trupp um, als habe er ein Wunder vollbracht.

Der Wipper allerdings wollte nicht aufhören. Er kam vor, trat York in die Nieren und brüllte ihn an: »Du lügst, du dreckige schwule Sau! Man wird nicht schwul. Man ist es oder man ist es nicht. Und man kann«, er trat zu, »es«, und trat wieder, »nicht ab-le-gen!«

Raphael war an die Seite des Geschehens gerobbt, aufgestanden und startete einen Rundumschlag, der einige Gesichter traf und einen flinken Tritt in seine Knie zur Folge hatte.

York wurde von zwei Armpaaren aus dem Geschehen geschleudert, als bräuchte man ihn nicht länger, und dann stürzte sich der Trupp wie ein Rudel ausgehungerter Wildhunde auf Raphael.

Yuen, die alles von dem Hauseingang aus mit angesehen hatte, schrie erneut auf und spürte, wie ihr eine Angstträne durch das Gesicht schnitt, als sie unumsichtig über die Straße lief, um zu ihren Vätern zu gelangen. Sie wusste, dass es gefährlich war, was sie tat, doch Raphaels Schmerzschrei hatte sie alles vergessen lassen. Sie versuchte den Wind von heute Nachmittag zu sich zu rufen, die Sonne aufgehen zu lassen, um die dunklen Fremden zu vertreiben, sie rief nach den gelben Jungen.

York ließ ihren Namen ertönen und ein 'Nicht!' dazu.

Der Wipper erkannte sie schnell und schoss luchsgleich an den Gehweg, um Yuen einzufangen.

Raphael bäumte sich brüllend auf, um sich um seiner Tochter Willen frei zu schlagen, und geriet in eine sehr große Scherbe, die aus der Bierflasche stammte. Sie forderte einen dunkelroten Schatten auf seinem Gesicht.

York rannte von unruhigen Bitten getrieben, seine Tochter loszulassen zum Wipper hin.

Raphael schien im Blutrausch zu wachsen und warf einen Kopf aus dem Trupp auf das Straßenpflaster, um sich weiter zu befreien. Sie waren an allen Seiten gewesen und zogen, schlugen und zerrten an ihm. Einige wichen zurück, ein anderer lief fort, ein Dritter heftete sich an Raphaels väterliche Fersen und schnitt ihm mit einem bleckenden Messer in die Seite, um ihn vom Wipper fort zu halten.

Dieser atmete schwer in Yuens Haarband, presste sie an seine zitternde Brust und hielt einen kalten Lauf gegen ihr kleines Ohr. Sie weinte. Er schrie York an, es nicht zu wagen, näher zu kommen, sonst würde er schießen.

Raphael bellte, York verstummte und Yuen wagte es nicht, auch nur zu atmen. Sie hielt ihre Tränen zurück und machte sich stocksteif. Dadurch rutschte sie durch die Arme des Wippers und entglitt seinem festen Griff.

Dieser holte sie unsanft zurück vor seine Brust und er keifte sie an, sie solle stillhalten.

York stand mit triefendem Gesicht und angerissenem Ärmel auf dem Gehsteig. Hinter ihm waren auch Raphael und seine Bändiger zum Stillstand gekommen. Einer schüttelte mit dem Kopf und York sagte zitternd, doch möglichst eindringlich: »Du wirst doch wohl kein Kind erschießen?!«

Die Fremden ließen Raphael los und umringten ihn im Halbkreis, wie eine Barrikade zwischen ihm und seiner Familie. Sein Blick war von Blut durchzogen, das ihm eine rote Träne auf die eine Wange geschrieben hatte. Auf der anderen klaffte eine Wunde von der Scherbe, die aussah, als wäre sie ein asymmetrischer Stern aus frischem Wangenfleisch. Er sah in Zeitlupe zu Yuen herüber.

Sie schickte ihm einen bittenden Blick und damit war den Fremden restlos und ohne Zögern der Krieg erklärt, wie durch eine Wölfin, die ihr Junges verteidigt.

Raphael griff in die offene Messerklinge, schleuderte diese

aus seiner Hand ins Gebüsch, stieß diesmal zwei Köpfe gegen den Kotflügel eines parkenden Wagens und schlug ein weiteres Gesicht in die reißende Brombeere.

Neben ihrem Ohr hörte Yuen ein metallenes Geräusch, dann stieß der Wipper über ihr ein Heulen in den Himmel, das von Schmerz und Reue sang.

York bat hilflos darum, seine Tochter freizugeben und Raphael ließ den Mantel, an dem die verbliebenen Halbstarken zogen, die ihre Verletzten rächen wollten, hinter sich um blind loszulaufen.

Ein Schritt in Yuens Richtung und York drehte sich zu ihm herum.

Zwei Schritte in Yuens Richtung und der Wipper hielt die Luft an.

Drei Schritte und York erhob mit aufgerissenen Augen die Hand in Raphaels Richtung.

Vier Schritte und Yuen entließ ein Schluchzen.

Fünf Schritte und jemand folgte auf Raphaels Lauf.

Sechs Schritte und ein Sirren zog auf Raphaels Nacken zu.

Den siebenten Schritt vollbrachte er nicht mehr, denn ein Backstein zerschmetterte ihm die Nackenwirbel.

Yuen schrie spitz auf, York lief zu seinem Geliebten und das metallene Geräusch neben Yuens Ohr ertönte noch einmal. Diesmal erst leise und dann unbändig laut. So laut, dass es ihr den kleinen Kopf zu zerreißen schien.

Ihr Blick verschwamm. Sie spürte einen heißen Schmerz an ihrer Wange hinaufzüngeln. Er brannte und versengte und verwehrte ihr den Blick auf ihre Väter.

Es wurde dunkel vor ihr.

Dann wurde es hart an Yuens Schulter, denn der Wipper hatte sie auf das Pflaster fallen lassen.

Sie hörte York um Raphael weinen und um Hilfe rufen, dann entfernten sich die Schritte vieler Fußpaare. Es wurde still.

Als Yuen aufsah, erschien der gelbe Junge aus dem Zirkus vor ihr.

Er stand zu ihr herabgebeugt. Seine Hände hatte er auf die Knie gestützt. Hinter ihm stand das Pferd mit der Einhornfeder. »Keine Angst«, sagte er und hielt Yuen lachend seine Hand entgegen. »Einer Hoheit aus unserem Land kann nichts Böses zustoßen.«

Yuen ließ sich von ihm aufhelfen und fühlte sich erleichtert. Sie war sich nicht sicher, ob sie aus einem bösen Traum erwacht und in ihrem wahren Zuhause aufgewacht oder ihrem eigentlichen entschlafen war. Als sie an sich hinunter sah, bemerkte sie, dass ihr Kleid ganz kraus und aufgesäumt war und sie strich es wieder glatt, um wieder wie eine Schlüsselblume auszusehen. Dann sah sie hinauf zu dem gelben Jungen, der bereits sein Pferd bestiegen hatte.

»Komm«, forderte er sie auf, zu ihm zu steigen.

Doch Yuen war misstrauisch. »Ich will nicht mit dir kommen«, trotzte sie und dachte an ihre Väter. Sie konnte sie nicht sehen oder hören. Sie war allein mit dem Jungen und seinem gefiederten Pferd, wahrscheinlich in einer Zuckerwolke.

»Aber warum nicht? Beim Zirkus sind wir glücklich«, flötete der gelbe Junge leichthin und zog die Zügel an.

»Was kann dein Pferd?«, wollte Yuen wissen. Sie hatte nicht vor, mit ihm zu gehen, aber vielleicht konnte er sie wieder zurückbringen. »Kann es fliegen?«

Im selben Moment, da sie es fragte, spannen sich zwei prachtvolle Flügelpaare unter dem Sattel auf.

Der gelbe Junge beugte sich mit ausgestreckter Hand zu ihr hinunter. »Natürlich kann es das. Alles, was unsere Königin befiehlt. ... Du musst nicht mitkommen. Ich bringe dich, wohin du willst.«

»Ich will zurück nach Hause.«

»Dann werde ich dich dorthin bringen«, sagt er. »Komm und

steig hinter mich in den Sattel.«

Yuen nahm seine Hand und schwebte förmlich hinter ihm hinauf.

»Nach Hause«, gab sie das Reiseziel an.

Der federgehörnte Pegasus bäumte sich auf und der gelbe Junge rief Yuen zu, sie solle sich festhalten und sie hielt sich so fest, wie nie zuvor in ihrem kurzen Leben. Wie nie zuvor.

Gab es in deinem Leben einmal einen glücklichen Moment, der sich von einer Minute auf die andere gekehrt hat, wie in der Geschichte der kleinen Yuen? Schreibe auf wann das war und weshalb du glücklich gewesen bist, bevor sich die Situation plötzlich verändert hat.

Was hat sich dann geändert und welches Gefühl hat dies in dir ausgelöst?

Formuliere kurz, was eine Veränderung der Umstände mit dir gemacht hat. Was hast du gefühlt und gedacht?

Was hat die Veränderung in dir ausgelöst?

Gestohlene
Zeit

4

Es gab ein Lichtermeer und Sonnenräder. Ich hatte nie zuvor etwas so Schönes und Leuchtendes gesehen wie das gestreifte Zirkuszelt. Schon der Mann im Frack, der unsere Eintrittskarten kontrollierte, hatte es mir angetan. Seine Augen sahen eher aus wie kleine funkelnde Steine, als dass sie nach Augen aussahen.

Ich erinnere mich an eine zauberische Gestalt mit weiten weißen Gewändern, die durch die Manege wandelte.

Durch meine kindlichen Augen erschien mir das Gewand leuchtender und heller als die schönsten Perlen. Grüne Menschen, die eine Hautfarbe hatten, prächtiger als Unmengen geschliffener Jadeschätze, von denen mir Raphael immer vorgelesen hatte.

Da war auch ein großer roter Löwe mit Mut in seiner Mähne, genau wie in den Kinderbüchern. Vor dem hatte ich wirklich Angst damals. Aber ich hab mich gut geschlagen und fühlte mich unverwundbar, als er nahe an meinen Platz herankam. Immerhin war ich auf dem Weg dahin, eine Prinzessin zu werden, das hatte mir Raphael unter seinem Geschichtenhandtuch versprochen. Wir sind an diesem Abend in den Zirkus gegangen. Das war das erste und einzige Mal, dass ich dort war.

Sehr gut kann ich mich nicht mehr daran erinnern, aber es war ein prächtiger und glanzvoller Abend, so würde ich es heute bezeichnen.

York und Raphael hatten mich seit Tagen auf die Folter gespannt und immer wieder von einem verzauberten Zelt gesprochen, das sich in ein Schloss verwandeln würde, sobald die Lichter angingen, und in dem ich selbst zu einer schönen kleinen Prinzessin werden würde. Sie hatten mir ein reich geschmücktes Sommerkleid angezogen, in dem ich mich auch ohne das Zauberzelt wie eine Prinzessin gefühlt habe, und mir erzählt, die Verwandlung begänne mit einem Kribbeln im Bauch. Von dort aus würde alles kreisen und sich drehen, ein Lachen in mir hinauf schicken und mich dann schließlich verwandeln.

Wir betraten das Zirkuszelt, wie die restliche Menschenmenge, mit großen Augen. Zwar könnte man sagen, solange die Manege unbelebt sei, gäbe es nicht viel zu sehen, allerdings weiß ich noch, dass das Gegenteil der Fall war.

Dort waren viele Kinder und ich erinnere mich daran, dass die Befürchtung in mir hochkroch, sie alle würden sich ebenfalls in Prinzen und Prinzessinnen verwandeln. Allerdings war ich die Einzige in einem gelben Kleid und das beruhigte mich sehr. Bis die Lichter ausgingen war jedoch noch nichts geschehen.

Ich glaube, meine Väter amüsierten sich im Stillen darüber, wie ich unablässig an mir herabsah. Dann ging das Licht aus und die Manege war von Licht und all dem, wovon ich bereits sprach, erfüllt. Die richtige Reihenfolge könnte ich nicht wiedergeben. Jedenfalls nicht, ohne länger darüber nachzudenken. Und als dann ein Reiterjunge auftauchte, ebenfalls in gelber Kleidung und asiatischer Herkunft, war ich sicher: Ich bin auserwählt.

Die Eindrücke prasselten nur so auf mich ein, dass ich die Verwandlung vergaß. Ich weiß noch, dass ich glaubte, selbst in dem Geschehen auf der Manege zu versinken, und dass ich erst wieder erwachte, als alles vorüber war und ich vollkommen erschöpft und übrigens zum erstem Mal an diesem Abend Platz auf meinem Sitzplatz nahm. Es dauerte aber nicht lange, bis ich mich erholt hatte.

Mit glänzenden Augen wollte ich York dann mitteilen, dass ich später zum Zirkus gehen würde, so begeistert war ich, doch es ihm und Raphael zu sagen, traute ich mich nicht. Ich wog in meinem kleinen Kopf ab, ob ich meine spontan erkorenen Ziele wirklich umsetzen wollte, und kam zu dem Schluss, dass ich keinen meiner Väter je entbehren wollte, denn sie kauften mir eine große Zuckerwatte, die ich damals tatsächlich für eine Wolke hielt. Überhaupt erinnere ich mich am stärksten an diese Wolken. Die Zuckerwatte, die vanillefarbenen Abendwolken am Himmel, und sogar Wölkchen, von denen ich dachte, sie tauchten unter den Füßen meiner Väter auf, damit sie darauf tanzen konnten. Sie waren nun einmal der Inbegriff von Leichtigkeit und Unbeschwertheit für mich. Was liegt da näher, als sich Wolken vorzustellen?

Nun ja, als ich die klebrige Wolke am Stiel in meiner Hand endlich vertilgt hatte, kamen die Erinnerungen an die Jademenschen und den roten Löwen wieder zurück. Ich überlegte stark, wie ich es meinen Vätern sagen sollte, dass ich nun bald fortgehen würde, um das Publikum als verzauberte Prinzessin, die ihren eigenen Löwen besaß, zu begeistern.

Ja, so war das damals. Aber ich kam nicht mehr dazu, es ihnen zu sagen. Denn gerade als ich es mir fest vorgenommen hatte - meine Väter waren schon weiter voraus am Park entlang getanzt, sie waren damals ganz ausgelassen, unfassbar wie ich es vermisst habe, dass sie gemeinsam ihr Leben feierten. Eines, das nur gelebt aber nie gerechtfertigt werden musste, das war der Grund, warum ich stehen blieb.

Ich dachte an den gelben Jungen aus dem Zirkus, abwägend, ob ich nicht doch lieber zu Hause bleiben sollte, und dabei hab ich den Backstein unter meinen Fingern gespürt. Kalter roter Backstein. Unfassbar, ich habe ihn vorher berührt und da waren dann sie, die Halbstarken.

Ein Anführer, ein Schläger, ein Treter, ein Messerstecher und der Wipper. Ich hasse Menschen, die nicht stillstehen können, wie meine Kollegin Susanne - ständig hüpft sie von einem Bein aufs andere. Ich kann das nicht leiden und ich kann mir nicht helfen, ich lasse es sie spüren.

Hätte ich mich gegen den Wipper so durchsetzen können wie gegen Susanne, wäre heute alles anders.

Das Rudel dreckiger Köter - wie ausgehungert haben sie sich erst auf York gestürzt und dann Raphael zerrissen - in einen Hauseingang hat er mich damals geschickt, zu meinem Schutz. Dort war ich auch sicher, aber ich konnte ihnen nicht helfen, hätte ich auch nicht können. Was blieb mir übrig, als zu Raphael zu laufen? Ich wollte helfen.

Das war fast mein und absolut sein Todesurteil.

Der Wipper fing mich ein, wie ein junges entflohenes Schaf aus einer Herde.

York bat und bettelte, er möge mich loslassen und Raphael drehte vollkommen durch, als sie mich hatten.

Er bekam ein Messer in die Seite - ich spürte den Stich in meiner und jeden Tritt, den ich mit ansehen musste. Was für Menschen sind das, die einem Kind ...?

Tut mir leid.

Also, sie waren zu sechst und der Wipper hatte mich an seine harte Brust geklemmt. Als er mir eine Gaspistole an die Schläfe hielt, war der Ofen für meine Väter aus.

York war aus der Menge gekommen, ich weiß nicht mehr wie, denn sie hatten sich ja auf ihn gestürzt und droschen auf ihn ein. Und Raphael fackelte nicht lang. Er spießte seine eigene Hand in das Messer, um es dem anderen aus der Hand zu holen. Es landete im Gebüsch und er bekam einen zerbrochenen Flaschenhals durch das Gesicht gezogen. Und plötzlich war er frei. Er lief auf mich zu, wollte mich retten, das dumme Kind, das nicht gehorchen konnte, und sie waren ihm auf den Fersen.

Sie nahmen meinen Backstein und zertrümmerten damit Raphaels Kopfgelenk, den Axiszahn. Der Verrückte, der mich fest umklammert hielt, drückte tatsächlich ab.

Ich erinnere mich an nichts weiter von diesem Abend. Seltsam, das Meiste vergisst man nach solchen Vorfällen.

Aber da war dieser gelbe Junge aus dem Zirkus mit einem Pegasus. Möglich, dass ich vor den Himmelstoren gestanden habe, aber ich bin ja noch am Leben.

Er wollte mich mit sich nehmen. Aber ich überredete ihn, mich nach Hause zu bringen, obwohl ich zugeben muss, ich wäre eigentlich gern mit ihm gegangen. Er sprach von einem Königreich. Von meinem Königreich, und davon, dass mir nichts geschehen könne.

Als ich aufgewacht bin, war mein Leben anders als zuvor.

Raphael war fort. Gestorben, noch auf dem Weg ins Krankenhaus.

York war am Boden zerstört und dann kam diese Frau wieder ins Spiel. Sie redete ihm in alles hinein, was er tat, bis er sie schlussendlich rauswarf und sie für immer verschwand.

Ich lag im Krankenhaus mit zertrümmertem Kiefergelenk. Es ist alles abgeheilt, nur diese kleine Kuhle neben meinem Ohr ist geblieben. Manchmal knackt mein Kiefer laut, aber mein Gehör ist wie durch ein Wunder unbeschädigt geblieben.

Ich fühlte mich schuldig, York fühlte sich schuldig und wir behinderten uns eine Zeit lang gegenseitig, darüber hinweg zu kommen. Zumindest war das mein Gefühl. Es ist nicht so, dass wir einander hassten, aber es gab einen Bruch. Ich glaube, weil wir uns selbst nicht mehr ausstehen konnten und uns notgedrungen zusammenrauften. Es hat eine ganze Weile gedauert, bis wir wieder zusammenwuchsen.

Nun habe ich das Gefühl, als wäre uns dadurch sehr viel Zeit gestohlen worden, die wir jetzt kaum mehr aufholen können. Nun hat ihn das Alter gepackt. Er liegt niedergestreckt in der Klinik.

Was, wenn er stirbt?

Tut mir leid, ich bin vollkommen in diese Gedanken hinein-
gerutscht. … Ich weiß gerade gar nicht, wie ich mich fühlen
soll. Eigentlich ist es sogar das erste Mal, dass ich überhaupt
davon spreche. Und ich weiß nicht, ob ich es noch einmal tun
möchte.

Hast du in der vorherigen Geschichte gedacht,
dass Yuen ihr Leben lassen musste? Das nennt sich
„schwarzmalen".
Bist du nun überrascht, dass sie noch lebt? Bist du
vielleicht erleichtert darüber?
Schreibe auf, in welcher Situation du einmal von
schlimmen Dingen ausgegangen bist, die sich später
nicht als das Ende der Welt herausgestellt haben.

Vergeben zu können ist eine großartige Gabe.
Bevor wir andere jedoch um Vergebung bitten, müssen wir mit uns selbst ins Reine kommen.
Formuliere kurz, welche Dinge dir leidtun und was notwendig ist, damit du dir selbst vergeben kannst.

Höre dir selbst zu und entscheide ob du dir vergeben willst.

5

Das
Labyrinth

Es ist noch nicht lang her, dass sich die Tore dieses Labyrinthes öffneten, um jemandem Einlass zu gewähren.

Das Verzwickte an diesem Irrgarten ist, dass er so groß und so verschachtelt ist wie kein anderer. Er birgt ein Geheimnis. Ein wertvolles dazu, erzählt man sich. Leider. Denn wer einmal eine Vorstellung von etwas Wertvollem im Geiste zusammenruft, der mag schnell bei Dingen enden, die entweder mächtig sind oder funkelnd, aber nicht auf Dinge, die in ihrer schmucklosen Einfachheit wunderschön sind.

Es gab viele, die sich zutrauten in das Labyrinth hineinzugehen. Hinein zu gelangen war jedoch schwieriger, als sie es sich gedacht hatten. Sie waren furchtlos und dachten heldenhaft und manche von ihnen gelangten wirklich in das Labyrinth. Doch wo sie voller Eifer darüber nachgedacht hatten, wie es ihnen gelingen sollte, hinein zu kommen, ist die eigentliche Frage, die sie sich von Anbeginn hätten stellen sollen: »Wie komme ich wieder heraus?« und: »Was suche ich eigentlich in diesem Irrgarten.«

Ich will ihn kurz beschreiben, den Irrgarten ... ach, ich bitte um Entschuldigung. Mein Name ist Liberta. Ich bin der Grund, auf dem diese Mauern einst gesetzt wurden. Wie unhöflich von mir, mich nicht vorzustellen. Zu meiner Entschuldigung kann ich hervorbringen, dass mich bisher nie jemand nach meinem Namen gefragt hat. Natürlich nicht, denn ich bestehe vornehmlich aus Sand und kalkhaltiger Erde. Das ist der Grund dafür, dass manche Stellen der Gemäuer am Fuße weiß anlaufen. Ich klettere gern an ihnen empor, dann und wann. Niemand sieht es allzu schnell, denn ich klettere langsam die Mauern hinauf. Wer will einem Boden schon übel nehmen, dass er sich bemerkbar macht. Diese Mauern sind schon sehr alt und sie stammen von einem Mann mit Namen Ibblahan, dem Meister dieser Gemäuer.

Einst zog er sie auf mir hoch. Und schnell dazu, muss man sagen. Eigentlich trägt auch der Irrgarten den Namen Ibblahan, aber das geriet mit der Zeit in Vergessenheit. Man nennt ihn nur noch das Labyrinth. Der Meister lebt darin, doch hält er sich stets im Verborgenen.

Vor den Toren setzte er einen Wicht namens Kitchii ein, der den Besuchern Warnung aussprechen und sie zu Bedacht ermahnen sollte. Und in der Mitte, ja ... in der Mitte - so trug der Meister Kitchii auf, den Suchenden zu sagen - befinde sich ein Schatz von unmessbarem Wert.

Kitchii ist zwar etwas ungehobelt, jedoch gewissenhaft. Er warnte jeden Besucher mehrmals davor, das Labyrinth ohne erklärtes Ziel zu betreten. Einige bekamen es mit der Angst zu tun und gaben sofort auf, andere verbrachten Tage damit, zögerlich vor den Toren Ibblahans auf und ab zu gehen und manche getrauten sich tatsächlich den Schritt in die funkelnden Wände dieses Irrgartens hinein.

Es ist noch nicht lange her, dass sich die Tore von Ibblahan das letzte Mal geöffnet haben. Der Meister gewährte einem Mann Einlass, der verwundet zu den Toren kam. Sein Name war Brore und sein Herz trug einen Riss.

Brore fragte Kitchii, ob er eine heilende Medizin hinter den Mauern finden würde, die seinem Herzen gut tun könne – so habe er es gehört - und Kitchii antwortete ihm mit einem Nicken.

»Was gibt es noch zu finden? Man munkelt, es gäbe einen Schatz von unmessbarem Wert in der Mitte des Labyrinths.

Ist das wahr?«, wollte er wissen.

Der Wicht nickte ein zweites Mal, doch er warnte den Verwundeten davor, vorschnell nach Dingen zu greifen, die wertvoll aussahen. Er könne einen Schatz finden, der sein Herz heilen und ihm Macht verleihen würde, aber es würden einige Wesen im Labyrinth herumschleichen und jeden, den sie trafen, in die Irre führen. Dazu käme der Geist von Ibblahan, der durch die Gänge streife und eines jeden Verstand veränderte, der seiner Gier nicht Herr werden konnte. Die, die jedoch der Versuchung entsagten, würde Ibblahan reich belohnen.

»Ich will hinein.«, sagte unser Brore mit stolzer Brust und trat durch das sich öffnende Tor.

»Der Meister gewährt dir Einlass. Er weiß, dass du zu ihm willst. Er weiß alles, was in seinem Reich geschieht. Ich werde hier auf dich warten. Und denke darüber nach, wie du wieder heraus kommen willst.«

Als sich die Tore hinter dem Neuankömmling schlossen, sah er sich zu zwei Richtungen um. Mehr gab es dort nicht. Einmal vor oder zurück. Beide erschienen ihm endlos. Also ging er einfach los und folgte dem Gang immer geradeaus. Doch der Weg wollte kein Ende nehmen und die Mauern schienen immer weiter über seinem Kopf empor zu wachsen.

Von der Hoffnung getrieben, das Heilmittel für sein Herz zu finden war, er erleichtert gewesen, doch er fühlte sich bald sehr allein und hilflos zwischen den Gemäuern.

Als er endlich an eine Abzweigung kam, traf er eine feine Gestalt. Sie saß dort an einem Wassertrog und band sich die fließenden Haare am zierlichen Hinterkopf zusammen. Unverhofft bot sie ihm einen Schluck an. »Guten Tag. Ich bin die Nymphe Taya. Es ist selten, dass ich einen Menschen hier treffe, in dessen Augen so viel Hoffnung strahlt. Sag mir, geht es dir so gut, wie ich glaube?«

»Nein.«, antwortete Brore. »Mein Herz hat einen Riss. Es

geht mir nicht gut. Aber man hat mir Einlass gewährt, deshalb trage ich die Hoffnung in mir, die mein Herz zunächst versorgen kann. Ich hoffe so sehr, dass ich die Medizin finde, die mich heilt.«

»Wie unhöflich! Sag mir erst einmal, wie du wohl heißt!«, brachte die Nymphe empört hervor und stellte sich auf den Rand des Troges.

»Mein Name ist Brore, liebe Taya. Bitte sage mir, was ich tun kann. Ich habe bisher niemanden hier getroffen, der mir eine Richtung weisen konnte. Vielleicht kannst du mir helfen?«

»Das könnt ich wohl.« Taya überlegte kurz und lachte Brore dann freundlich an: »Dann musst du direkt zum Meister gehen. Er wird dir helfen können. So wie er uns geholfen hat.«

»Wie hat er euch geholfen?«, wollte der junge Mann wissen.

»Er hat unsere Herzen geheilt. Sie waren ebenso verletzt wie deines. Einige sogar verdorrt. Aber Ibblahan hat ihnen neues Leben geschenkt. Ein sorgenfreies Leben hier im Labyrinth.«

»Es gibt mehrere, die so sind wie du?«

»Ja sicher«, kicherte Taya und platschte mit dem Fuß ins Wasser. »Aber sie sind nicht wie ich. Sie hatten nur dasselbe Leiden.«

»Was sind sie denn?«

»Das darf ich dir nicht sagen. Wir leben im Verborgenen. Nur so kann der Meister uns den Frieden bewahren. Wenn du sie allein finden kannst, dann hast du Glück. Ich kann dir nur einen Rat mit auf den Weg geben, mein Schöner. Sei vorsichtig. Nicht alle hier sind das, wofür du sie hältst. Manche irren schon lange umher und finden nicht heraus. Das hat sie verändert. Hüte dich vor ihnen. Sie heißen Versuchung und Sehnsucht. Sie haben nie gefunden, was sie hier suchten.«

»Woran erkenne ich sie?«, wollte Brore wissen.

»Du kannst sie nicht sehen. Sie sind verlorene Seelen. Aber du wirst sie spüren, wenn du wachsam bist.« So sprang Taya in den Trog hinein und verschwand im Wasser. Der junge Mann sah ihr hinterher und stellte fest, dass der Trog auf einmal leer und trocken war.

Er ging weiter, bog mal nach links ab, mal nach rechts und wieder ein anderes Mal, wenn er gar nicht sicher war, welchen Weg er gehen sollte, schloss er einfach die Augen und folgte den Befehlen seines verwundeten Herzens.

Als er an einem großen Stein Rast machte, setzte sich plötzlich ein Faun an seine Seite. Brore erschrak sehr und der junge Faun begann zu lachen. »Warum erschreckst du dich vor mir? Hast du denn noch nie einen Faun wie mich gesehen?« und dann: »Du musst hungrig sein. Hier, nimm etwas von meinem Käse. Das wird dich stärken. Mein Name ist Trostodon.« Der Faun hielt dem Menschen lächelnd ein Stück von seiner Mahlzeit entgegen.

»Du brauchst deine Kräfte, wenn du Ibblahan finden willst. Du willst doch den Meister finden, nicht wahr?«

»Ja.«, antwortete der Mensch. »Ja, das will ich. Aber woher weißt du das?«

»Die Nymphe hat es mir erzählt. Sie hatte Recht, du siehst sehr hoffnungsvoll aus. Was hoffst du denn?«

»Ich brauche Heilung für mein Herz.«

»Dann wirst du einer von uns?«, fragte der Faun blinzelnd.

Der junge Mann war verwundert. »Einer von euch?«

»Der Meister kann dir helfen. Aber wenn er dich heilt, dann wirst du einer von uns.«

»Aber ich brauche doch bloß die Medizin von ihm.«

»Meister Ibblahan ist der Hüter dieser Mauern. Er kann dir helfen, aber er ist doch kein Medizinmann.«

»Was bedeutet das? Man hat mir gesagt, dass ich hier Heilung erfahren kann.«

»Da hast du Recht. Doch wenn der Meister dich heilt, dann wird es dich verändern. Na ja, du wirst dich danach an nichts erinnern können, sondern frei mit uns zusammen leben.« Der Faun blies ein paar glockenklare Töne aus seiner Flöte und hüpfte vergnügt tanzend auf dem Stein herum, an dem sie gelehnt gesessen hatten.

»Wenn ich ihn finde, dann werde ich ihn um Medizin bitten. Aber ich will auch ein Mensch bleiben.«

»Das geht nicht«, antwortete Trostodon vergnügt. »Ich fürchte, dann wirst du nicht finden, was du suchst. Gab es denn keine, wo du herkommst? Sie ist sicher recht teuer.«

»Ja, in der Tat. Wenn ich sie bei einem Medizinmann kaufe, dann ist sie sehr, sehr kostspielig. Soviel Geld habe ich nicht.«

»Siehst du? Hier spielt Geld keine Rolle. Ibblahan wird dir helfen, ohne Geld dafür zu verlangen.«

»Hoffentlich finde ich ihn«, sagte der Mann zögerlich.

»Oh, die kleine Schwester der Sehnsucht hat dich gefunden?« Der Faun wich einen Schritt zurück.

»Wer? Wo ist sie?«

»Sie sitzt auf deiner Schulter. Ihr Name ist Zweifel. Du kannst sie nicht sehen, aber du hast eben von ihr gesprochen. Lass sie nur nicht zu lange auf deiner Schulter sitzen. Und überlege dir noch einmal, was du hier zu finden hoffst. Ins Zentrum geht es übrigens dort entlang.« Trostodon flötete einen tiefen Ton und eine nahe stehende Mauer wurde für einen Moment durchsichtig.

»Wie soll ich hindurch, wenn sie nicht mehr durchsichtig ist? Sie wird schon wieder vollständig.«

»Du kannst überall hindurch, wenn du dich nur traust. Du bist in Ibblahan. Hier ist alles möglich«, jubelte der Faun verschmitzt vom großen Stein hinab und verschwand im Licht der Sonne.

Unser Brore stand eine Weile vor der Mauer, die der Faun hatte durchsichtig werden lassen.

»Wenn ich mich traue, kann ich hindurch? Dann ist das Zentrum ja ganz einfach zu finden. Aber warum sprach der Faun vom Zentrum? Vielleicht finde ich Ibblahan dort.« Er fasste seinen Mut zusammen und ging schnurstracks auf die Mauer zu. Sie ließ ihn jedoch nicht hindurch, denn sie wusste, dass der Mensch es im Grunde seines Herzens nicht für möglich hielt, durch Stein gehen zu können. Der Zweifel auf seiner Schulter erinnerte ihn unbemerkt daran, also prallte er gegen den harten Stein. Er beschloss, der Faun sei ein Tölpel und dass seine Flöte magisch sein musste; das sie ihm ein Trugbild vorgegaukelt habe. So machte sich Brore auf, einen anderen Weg ins Zentrum zu finden. Er passierte dabei viele Abzweigungen, bis die Wände durch hohe, dunkelgrüne Hecken ersetzt wurden. Sie waren säuberlich geschnitten und säumten meine Sandwege. Irgendwann klopfte Brores Herz von innen an seine Brust. Es wollte ihn daran erinnern, dass es schneller Hilfe bedurfte.

»Ich finde meinen Weg in das Zentrum. Beruhige Dich, mein Herz. Du wirst nicht mehr lang leiden müssen.«

Je länger er seinen Weg durch die Verzweigungen der glatt geschnittenen Hecken suchte, desto schwerer wurde die Last des Zweifels auf seinen Schultern. Brore bat den Zweifel von ihm abzulassen, doch diese unsichtbare Gestalt flößte ihm ein Gefühl ein, dass er nicht abstreiten konnte. Er stellte sich die Frage, wie weit er gehen musste und warum sich der Meister ihm nicht endlich zeigte. »Er weiß doch, dass ich hier bin, und kennt meine Absichten, wenn er alles über sein Reich weiß.«

Dann begann unser Brore leise zu fluchen, denn vollkommen unbemerkt hatte ein weiteres Wesen ihn gefunden und sich auf die andere Schulter gesetzt. Es war die Cousine des Zweifels, die Ungeduld. Beide, die wie lange abendliche Schatten auf Brore lasteten, wichen ein wenig zurück, als sie zweier feiner Stimmchen gewahr wurden. Kurz darauf erschienen zwei glitzernde Schweife und zogen an Brore vorbei durch die Luft.

Erfreut, jemanden zu treffen, rief er aus: »Wer seid ihr? Seid ihr hier, um mir zu helfen?«

Die Glimmerschweife zogen sich kichernd um ihn herum und verstummten dann.

»Hast du schon mal so etwas gesehen, Brusis?«, fragte eine empfindliche, geflügelte Gestalt, nicht größer als ein Fingerhut.

Brusis, der der anderen Gestalt ähnelte und neben ihr in der Luft stand, nickte und sagte amüsiert: »Ja, Andir. Das ist einer von denen, die herein, aber nicht mehr hinaus finden, weil sie den Meister nicht schnell genug finden können. Schwester Ungeduld hat nämlich ihre kalten Finger durch seinen Nacken geführt, siehst du?«

»Du hast so etwas schon mal gesehen? Ist das ein Mensch?«, fragte Andir verwundert und flog an dem jungen Brore auf und nieder, um ihn zu begutachten.

»Ja, wenn ich es dir doch sage«, versetzte Brusis. »Er sucht den Meister.« Dann flog Brusis dicht an das Gesicht des Suchenden heran, stemmte seine Ärmchen in die Hüften und vergewisserte sich: »Du suchst doch Meister Ibblahan, stimmt es?«

»Ja«, antwortete der Mensch und Brusis drehte sich prompt zu Andir herum. »Er sucht den Meister! Hab ich's nicht gesagt?«

Andir blinzelte mit seinen kleinen Äuglein und kam an Brore heran geflogen.

»Habt ihr Meister Ibblahan gesehen?«, wollte Brore wissen.

»Tze!« Andir drehte sich lachend zu seinem etwas längeren Gefährten herum. »Er fragt, ob wir den Meister gesehen hätten.«

»Habt ihr ihn denn nicht gesehen?«, hakte Brore ungeduldig nach.

»Natürlich haben wir ihn gesehen«, polterte Andir heraus. »Er ist hier überall. Die Mauern, die du hinter dir gelassen hast, sind aus seinem Willen entstanden. Die Hecken, die du siehst, sind so schön, weil er sie so liebt. Und wir sind hier, weil wir...«

»Schweig still, Andir. Sei nicht töricht!«, hielt Brusis seinen Freund zurück. »Wir wissen nicht einmal, wer er ist. Dann kannst du ihm doch nicht verraten, woher wir kommen.«

Andir drehte sich in der Luft herum und warf seinem Gefährten einen bösen Blick zu. »Das wollte ich ja auch gar nicht! Ich wollte ihm sagen, dass wir hier sind, weil Ibblahan uns in seinem Reich aufgenommen hat. Weiter nichts!«

»Ach so. Also, wir sind hier, weil der Meister uns hier aufgenommen hat.« Und dann sagte er preschend: »Aber wo wir leben, sagen wir dir nicht!«

»Das will ich auch nicht wissen!«, herrschte Brore zurück. »Sagt mir nur, wo ich den Meister finde!«

»Also, das finde ich unverschämt!«, entgegnete Andir barsch.

»Ja, ich auch!«, stimmte Brusis zu und sie flogen mit verschränkten Armen weiter.

»Wartet bitte!«, rief Brore ihnen hinterher. »Wo geht es zum Zentrum? Mein Herz braucht dringend Hilfe!«, bat der Verzweifelte und Andir kam noch einmal zurückgeflattert. »Du bist ungeduldig und glaubst nicht daran, dass du es schaffst. Dein Herz ist schon zu schwach. So wirst du den Meister nicht finden. Höchstens wenn...« überlegte er in den Himmel gewandt.

»Wenn was?«

»Wenn du in die Richtung gehst und dann zufällig an der großen Bommel vorbeikommen kannst. Dahinter findest du vielleicht das Zentrum.« Ein Funken preschte auf Andirs Feenpo zu und entlockte ihm knallend einen heftigen Jauchzer.

»Du darfst doch nicht...«

»Ich habe nichts gesagt!«

»Komm jetzt weg von hier. Dieser Mensch wird das Wahre so oder so nicht erkennen. Er wird sich für den leichteren Weg entscheiden. Das weiß ich schon jetzt! Blöd oder?«

»Ja, ziemlich blöd! Aber naja, vielleicht erkennt er den Wert...« Mehr konnte Brore nicht verstehen, denn die zwei Feenmännchen verschwanden über eine der hohen Hecken.

Etwas wütend und mit Schmerzen in der Brust ging Brore den Weg, zu dem ihm Andir geraten hatte, bevor er mit seinem Freund im Heckenwirrwarr verschwunden war. Guter Dinge legte Brore jedoch seine Hand auf sein Herz. »Ich werde bald für dich sorgen können!«, sagte er und strich mit zwei Fingern über seine Brust.

Ein Stückchen weiter sah Brore den Bommel. Er war ein großer, roter Ball, der an einer Schnur befestigt vor zwei Türen hin und her hüpfte. Bevor Brore sich näher an ihn heran traute, blieb er hinter einer Hecke sitzen und schaute ihn sich von weitem an. Der Bommel sah an sich ungefährlich aus, doch näherte sich ihm etwas, wie zum Beispiel eine Fliege, blieb er in der Luft stehen, flüsterte etwas und versteinerte die Fliege dann mit einem roten Grinsen. Unter ihm am Boden lagen viele große und kleine Steinblöcke. Sie alle mussten einmal Wesen gewesen sein, die durch eine der Türen zu gehen gewünscht hatten.

Brores Herz schmerzte und befahl ihm weiterzugehen, da es sonst aufgeben und sterben müsse. Also lief er auf das rote Rund zu ohne zu überlegen. Mit festem Blick auf seinen runden Gegner geheftet, lief Brore auf die Türen zu, bis der Bommel sich abstieß und ihm entgegenpreschte. So als würde sich das Geschehen um sie herum verlangsamen, blieben Brore und der Bommel in geringer Entfernung voneinander

Auge in Auge stehen.

»Durch welche Türe willst du gehen?«, fragte der Bommel mit hinterhältiger Stimme.

»Ich weiß es nicht, sag du es mir!«, versetzte Brore entschlossen.

»Warum sollte ich?«

»Weil du sie bewachst. Dann musst du auch wissen, was sich dahinter befindet und wenn einem eine Frage gestellt wird, dann antwortet man. Deswegen.«

»Ach so!«, antwortete der Bommel und entspannte seine Gesichtszüge ein wenig. »Ich habe dir eine Frage gestellt und nicht umgekehrt! Aber ich kenne deine Antwort schon. Du willst durch die rechte Tür gehen.«

»Leg mir nichts in den Mund. Woher weiß ich, dass du nicht lügst? Du versteinerst alle, die sich dir nähern. Ich habe es gesehen«

»Weil sie sich nicht entscheiden können.«

»Ich werde die linke Tür nehmen, weil du so etwas wie ein Wächter bist und mir zur rechten geraten hast.«, sagte Brore entschlossen.

»Tu das und du rennst in dein Verderben. Du wolltest doch durch die rechte Tür gehen. Von Anfang an. Ist es nicht so?«

»Das willst du mir einreden!«

»Nein, das habe ich in dir gelesen. Entscheide dich also schnell für den Weg, den dein Herz dir weist, oder den Weg, den du aus Trotz gehen willst, weil das Misstrauen auf deinem Kopf Platz genommen hat.«

»Was hat Platz genommen?«

»Der Bruder der Versuchung. Nicht mehr lang und sie hat dich gefunden, weil Zweifel, Ungeduld und Misstrauen bereits nach ihr rufen. Beeil dich lieber, Mensch. Sonst sehe ich nur den einen Weg, sie zu vertreiben: ich versteinere dich.«

Gepackt von Panik griff Brore nach beiden Türklinken, zog

62

sie auf und versuchte einen Blick hindurch zu werfen. Doch hinter beiden befand sich ein gleißendes Licht, das sie gleich aussehen ließ. Er schloss seine Augen und versuchte auf sein Herz zu hören. »Rechts«, flüsterte es ihm schwach zu und er schlüpfte durch die angeratene Tür hindurch, bevor ihn der versteinernde Zauber des Bommels treffen konnte. Kaum dass die Tür geschlossen war, durchzog unseren Brore eine heilsame Wärme.

»Du hast also das Zentrum von Ibblahan finden können, Menschenkind«, drang eine Stimme zu ihm.

»Meister Ibblahan? Seid ihr Meister Ibblahan?« Mit zusammengekniffenen Augen versuchte unser Brore etwas in dem undurchdringlichen Lichtschein zu erkennen. »Ich sehe nichts, Meister. Ich kann nichts sehen.« Er hob schützend seine Hände vor das Gesicht, weil ihn das Licht in den Augen schmerzte und erst langsam konnte Brore einige ringsum stehenden Hecken erkennen, die vor den massiven Wänden standen und mit ihren Blättern wedelten.

In ihrer Mitte lag ein alter grauer Stein am Boden. Darüber stand ein gigantischer Diamant, durch den die Sonne strömte und der das Licht in alle Richtungen hin um sich verteilte. Brore ging langsam auf den Diamanten zu und schützte dabei seine Augen, dass er nicht geblendet werde.

»Meister Ibblahan. Mein Name ist Brore«, rief er ins Licht. »Ich habe euch lange gesucht. Man sagte mir, dass Ihr mir helfen könnt. Mein Herz hat einen Riss.« Der Verband der Hoffnung zog sich fester um das verwundete Herz.

»Dich begleiten Zweifel, Ungeduld und Misstrauen«, antwortete ihm die Stimme. »Ich kann dein Herz nicht heilen, solang du sie bei dir trägst.«

»Aber ich habe Vertrauen mitgebracht und Hoffnung, Meister, Hoffnung. Bitte helft mir.«

»Öffne deine Augen, wenn du Vertrauen hast. Das Licht soll

dich nicht erschrecken. Aber öffne deine Augen nur, wenn du genügend Selbstvertrauen hast, zu sehen, was sich im Zentrum meines Irrgartens befindet.«

Brore blinzelte geblendet in das Licht hinein.

»Hab Selbstvertrauen, Brore. Du bist den langen Weg zu mir gekommen und hast den Ort gefunden, an dem dir geholfen werden kann.«

Brore riss seine Augen auf, sodass die bald begannen zu glühen. Doch weil er sein Vertrauen aufrecht hielt, stellte sich eine Gestalt ins Sonnenlicht und hinderte es daran, weiter durch den Diamanten zu fließen.

»Du hast mich also gefunden.« Die Stimme hatte kein Gesicht, bloß einen eingehüllten Körper, der über dem klaren Stein schwebte. »Was also ist dein Begehr?«

»Seht mich an, Meister Ibblahan. Mein Herz hat einen Riss. Ich brauche Eure heilende Kraft«, brachte Brore vor und sah den Diamanten vor sich funkeln. Er war riesig und versprach rein und kostbar zu sein.

»Ich sehe, dass ich dir nur unter einer Bedingung helfen kann, Menschenkind«, sagte Ibblahan.

»Welche Bedingung, Meister? Sagt mir Eure Bedingung und ich will versuchen, sie zu erfüllen, denn ich wünsche mir ein heiles Herz, um unbeschwert leben zu können.«

»Deinem Wunsch kann ich stattgeben, Brore, doch dann musst du einer von uns werden, so, wie sie es dir früher schon gesagt haben.«

»Ich möchte aber ein Mensch bleiben.«

»Warum bist du dann den ganzen Weg zu mir gekommen?«

»Weil man sich erzählt, dass Ihr helfen könnt.«

»Das kann ich auch. Aber wie ich sehe, ist dein Herz nicht nur gerissen. Es ist gebrochen.«

Brore fasste sich an die Brust und tastete nach seinem Herz. Er löste den Verband der Hoffnung mit einer Hand. Tatsächlich war sein Herz mit der Zeit weiter und weiter gerissen und nun entzweit. Er hielt beide Hälften fest. »Heilt mich, Ibblahan.«

»Wenn ich dich heile, dann wirst du bei uns bleiben müssen.«

»Das verstehe ich nicht«, entgegnete Brore.

»Ich kann deine zwei Herzen und auch dir den Schmerz der Trennung nehmen und sie wieder zusammenfügen, aber dann wird die Erinnerung an alles, was dein Herz gebrochen hat, ausgelöscht. Nicht weil ich es so will, sondern, weil du sorgenfrei sein möchtest.«

»Ich kann nicht werden, wie die Bewohner Eures Irrgartens.«

»Warum nicht? Sieh sie dir doch einmal an. Taya kam mit vertrockneten Sinnen zu mir und sie ist jetzt glücklich. Mein Faun Trostodon hatte ein gebrochenes Herz, so wie du. Er hatte seine Lebensfreude verloren, weshalb er zu mir kam, und heute spürt er täglich nichts als Freude. Seine Flöte spielt die Melodien, die seine Seele sich wünscht. Die beiden Feen Andir und Brusis waren als Menschen einst gute Freunde. Dann gingen sie im Streit auseinander und fühlten gegenseitigen Hass. So beschlossen sie, ihre letzte gemeinsame Reise in meinem Irrgarten enden zu lassen, und baten mich darum, sie wieder zusammenzuführen, sodass sie nie mehr voneinander getrennt werden. Ich nahm ihnen den Hass und nun sind sie für immer Freunde.«

»Und wer sind sie nun? Nichts als Fabelwesen.«

»Sie sind ein Teil von mir, der meinen größten Schatz bewacht und dieser ist sehr wertvoll, musst du wissen. Er ist der Grund dafür, dass ich vor vielen Jahren diese Mauern hochzog.«

Brore blickte gebannt auf den Edelstein und konnte sich vorstellen, dass ein so großes Od beschützt werden musste.

Er ging einige Schritte darauf zu. Wenn er nur einen winzigen Teil davon besitzen konnte, dann würde er sich die Medizin, die er brauchte, auch kaufen können, ohne hier bleiben zu müssen. So bat er den Meister darum, ihm einen Splitter des Edelsteines zu überlassen.

»Ich kann dich zum König von Ibblahan machen, Brore. Du wirst mein Gefährte und regierst Ibblahan, wenn du hier bleibst und wie die anderen bei der Suche in diesen Mauern behilflich bist.«

»Nein! Ich will Euch um einen Splitter des Diamanten bitten.«

»Du kannst den Diamanten mitnehmen. Ich brauche ihn nicht. Er ist nicht das Wertvollste, was es in meinem Reich zu finden gibt.«

»Was meint Ihr damit, Meister? Euer Diamant muss mehr als tausend Goldstücke wert sein.«

Ibblahans Gestalt nahm auf dem Haupt des Edelsteines Platz. »Glaubst du denn, dass dich der Edelstein glücklich machen kann, Brore? Hältst du ihn für so wertvoll?«

»Ihr habt ihn geschaffen, denke ich«, antwortete Brore überschwänglich. »Es muss der größte Schatz sein, den Ihr besitzt.«

»Der größte ist es tatsächlich«, bedachte der Meister.

»Dann will ich die günstigste Stelle für einen Abschlag finden. Lasst ihn mich näher betrachten.«

»Nein!«, protestierte Ibblahan laut. »Berühre ihn nicht! Wenn du den Stein berührst, wirst du nie wieder hier her zurückkehren können. Dann wirst du verderben. Und niemand kann dein Herz je heilen, weil es sich auflöst in Prunkstolz und Arroganz. Der Diamant ist sehr mächtig, Brore. Du nimmst dich also besser davor in Acht!«

»Ich will doch nur einen kleinen Teil. Und ich will so bleiben, wie ich bin.«

»Du selbst bist von Zweifel, Misstrauen und Ungeduld geplagt und hast ein gebrochenes Herz. Eine verbitterte Erscheinung, die ihre Hoffnung mit einem Handgriff aufgelöst hat. Ich kann dir helfen, alles zu heilen, aber es bleibt dabei: dann wirst du bei mir bleiben müssen.«

»Ich will kein Königreich regieren, das von Mauern umgeben ist.«

»Aber du wärest der König. Du könntest ein und ausgehen, wie es dir gefällt.«

»Trotzdem wäre mein Königreich ein Gefängnis. Nichts anderes! Nein, ich will lieber einen Teil des Edelsteines. Gebt ihn mir. Er ist groß genug, als dass Ihr einen kleinen Part entbehren könnt!«, rief Brore dem Meister entschlossen entgegen und streckte die Arme nach dem Diamanten aus.

»Es gibt etwas Wertvolleres hier zu finden, glaube mir«, entgegnete Ibblahan. »Wenn wir es finden, werden alle frei sein.«

Brore schaute sich nach allen Seiten um und sah nichts als vertrocknete Sträucher mit winzigen Blättern, die sich bemühten, grün auszusehen und Wände aus schwarzem Stein.

»Du willst nicht teilen, Ibblahan. Du willst mir nicht geben, was mich rettet. Aber das Leben besteht aus Geben und Nehmen. Du gibst mir, was mich rettet, und bekommst dafür meinen ewigen Dank und meine Ehrerbietung. Ich werde der ganzen Welt berichten, wie großzügig du bist, Meister des Irrgartens.« Mit diesen Worten griff Brore nach dem Diamanten.

»Ich habe dir meine Hilfe angeboten und dir erklärt, dass nicht ich es bin, sondern dein eigener Wunsch, glücklich zu sein, der dir die Erinnerungen an schwere Zeiten nehmen wollte. Inmitten meiner Mauern bleibst du beschützt vor neuen Sorgen. Das, was du schilderst, ist nicht das Prinzip von Geben und Nehmen, Brore. Schämen solltest du dich. Es ist

Nehmen und Geben. Das ist verabscheuungswürdig.«

»Jedem steht zu, er selbst zu bleiben«, sagte Brore und trug den Diamanten von dem grauen Stein herunter. Im selben Moment verschwand der Meister und ließ die Sonne durch. Sie konnte ihre Strahlen wieder ungehindert durch den Diamanten hindurch schicken. Weil er seine Hände nicht vor das Gesicht heben konnte, verlor Brore sein Augenlicht unter Schmerzen. Den Edelstein hielt er jedoch fest umschlungen und tastete nach der Tür, durch die er gekommen war. »Ich werde mir das Augenlicht zurück kaufen. Ich habe jetzt genügend Geld«, sagte er und taumelte durch die geöffnete Tür.

Sein Weg führte an Bommel vorbei, der ihn mitleidig ansah und still stand. Auch die Feen Andir und Brusis, auch Trostodon und Taya schwiegen trauernd, als sie den Menschen taumelnd und tastend an sich vorüber ziehen sahen.

Erst nach vielen Tagen und Nächten gelang es Brore unter Mühen an die Eingangstore zurückzukehren. Seine Brust schmerzte und er trug nicht nur den schweren Edelstein bei sich, sondern auch die Last von Zweifel, Misstrauen und Ungeduld, die gemeinsam ihre Verwandte dazu gerufen hatten. Sie wartete am Eingang auf Brore, um ihn hinaus zu begleiten

»Du hältst jetzt das in den Händen, mit dem du dir etwas kaufen kannst, Brore«, sagte sie, als er auf den Eingang zukam.

»Ja«, hechelte der Mensch von Schweiß getrieben. Die Stimme schien ihm wohlgesonnen und er freute sich darüber, dass er wieder aus dem Irrgarten Ibblahans herausgefunden hatte.

»Doch was ist nun mit deinem Herzen? Es klafft tot auseinander, Brore.«

Brore blinzelte ein paar Mal und versuchte etwas zuerkennen, doch es war finstere Nacht um ihn herum. »Ein Medizinmann wird mir helfen können.« Er war erblindet.

»Für dein Herz kommt jede Hilfe zu spät. Du hast es selbst

zerstört. Ich werde dich begleiten und dir helfen, dich zurecht zu finden. Komm jetzt, wir gehen fort von hier.«

»Aber wer bist du denn?«, fragte der Blinde.

»Erkennst du mich denn nicht? Und möchtest du nicht viel lieber wissen, was das viel Wertvollere gewesen ist, was dieser Irrgarten behütet, den du nun verlässt?«

Brore bat darum, es ihm zu erzählen, denn sie hatten einen langen Weg vor sich.

»Vor vielen Jahren hat der Meister einen Teil seiner Seele an diesem Ort verloren. Er wurde unvollständig.«

»Ibblahan ist unvollständig?«, staunte Brore.

»Ja. Das wissen alle hier. Die Nymphe, der Faun, die beiden Feen und all die anderen. Sie alle sind noch heute auf der Suche. Gemeinsam vergaßen sie ihre Sorgen und verwandelten sich in Ibblahans Gefährten. Und solange sie nicht gefunden haben, wonach sie suchen, bleiben sie hier, damit ihr Meister nicht allein sein muss. So zeigen sie ihm ihre Dankbarkeit und er schenkt ihnen Geborgenheit und Selbstvertrauen, das zu sein, was sie wirklich sind.«

»Und warum bleibst du nicht hier, wenn du doch ebenfalls aus diesen Mauern kommst? Warum verlässt du deinen Meister und gehst mit mir?«, wollte Brore wissen.

»Weißt du, ich bin bloß ein Gefühl«, antwortete die Frauenstimme. »Und ich werde dich von diesem Tage an an all die Dinge erinnern, die du nicht mehr hast und nicht mehr haben kannst.«

Der Wicht Kitchii machte eine höfliche Geste zum Abschied, die Brore nicht sah, als er ihn passierte, und Kitchii murmelte: »Ich hab es doch gesagt: Frage dich nicht, wie du hinein, sondern wie du wieder heraus kommst.«

Brore hörte den Wicht und er hörte auch, dass sich kurz darauf die Tore des Labyrinths krachend verschlossen. »Was wird jetzt?«

»Du bist frei, Brore. Du kannst gehen, wohin du willst. Und du kannst dir kaufen, was du willst. Denn du hast jetzt einen Diamanten.«

»Ja, ich habe einen Diamanten«, sagte Brore und streichelte den kalten Edelstein. »Und wie willst du mich an das erinnern, was ich nicht mehr haben kann, wenn ich doch jetzt alles kaufen kann, was ich will?«

»Kannst du das denn wirklich?«

Einen kleinen Moment lang überlegte Brore. Natürlich konnte er jetzt alles haben, was sein Herz begehrte. Er war reich und mit dem Reichtum kam auch Macht auf ihn zu, dessen war er sich besonders sicher.

Da fing seine neue Gefährtin wie versprochen an, ihn zu erinnern: »Wie willst du dein Augenlicht zurück erwerben? Und wie willst du ein totes Herz wieder zum Leben erwecken. Was tot ist, ist vergangen. Und was vergangen ist, können wir nicht mehr ändern.«

»Wer bist du, wenn ich fragen darf? Wie ist dein Name?«, fragte Brore, während er überlegte, bei welchem Kaufmann er je ein Augenlicht gesehen hatte.

Die Stimme neben ihm antwortete: »Ich bin die Reue, Brore. Die Reue.«

Jeder von uns befindet sich vor den unklaren Windungen der Zukunft. Hast du eine Vorstellung davon, welchen Weg du nehmen willst?
Notiere in Stichworten, welche Ziele du verfolgst. Stell dir vor, es gäbe keine Limits. Was möchtest du erreichen?

Der nächste Schritt wird von vielen als schwierig empfunden. Die meisten Dinge, die wir erreichen möchten, haben einen Preis.
Lege fest, welchen Preis du entbehren kannst, um eines deiner Ziel zu erreichen. Was bist du bereit einzusetzen, ohne es zu bereuen? Wo liegt dein persönliches Limit?

Welchen Preis darf dein Traum haben?

Schiss und Mumm

6

Ich hasse Lachfrauen.

Sie sind nichts als Gespenster, nichts als ein Schuss des Überschwangs zu ihrem eigenen Schutz.

So möchte ich sie nicht verurteilen, denn niemals würde ich jemandem die Tür weisen, der an meine klopft, vielleicht weint und um Schutz bettelt. Doch diese Frauen klopfen nicht. Sie mögen um Schutz betteln, doch sie sagen, dass sie es nicht täten - nein, sie sagen es nicht, sie tauchen einfach auf, bleiben vor der Tür und lachen es fort - weinen nicht.

Ein Grund mehr dafür, Mitleid mit ihnen zu haben und es auch zum Ausdruck zu bringen, doch hält mich eines davon ab; ihre Art, die Dinge wegzulachen. Zu lachen und es abzutun, was immer grad geschehen sein mag.

»Ich habe mich in der Tür geirrt, ahaha.« - eben noch zu ertragen und zu einem Lächeln bewegend. »Ich habe gewusst, dass mein Mann ein Arschloch ist, höhöhö….« - bereits zur Verwunderung verpflichtend. »Ich habe nur ein blaues Auge - das ist ja nichts, hihihihi.« - spätestens hier kann das Gelächter nichts als Fassungslosigkeit auslösen und seinen Zuhörer schlecht dazu bewegen, mit in das Gelächter einzustimmen.

Ein blaues Auge, hihi? Stattdessen ist man bestürzt, peinlich berührt, entsetzt vielleicht sogar. Doch keinesfalls geht Mitleid einher - man sollte eher beleidigt sein, dass jemand einem diese Tatsache hinter vorgehaltner Hand so barsch in das Gesicht pfeffert, als würde einem selbst davon schon bald ein Veilchen unter den Lidern aufblühen.

Als Junge lernte ich Karla kennen: etwas merkwürdig in ihrem Auftreten, ein wenig zu laut und schrill für die meisten, mit seltsamem Blick und von den anderen Kindern wie ein räudiger Köter gemieden. Sie war sehr darum bemüht, einen Kontakt zu knüpfen, damals im Bus auf dem Weg zur Schule, von dort aus zur Schwimmhalle oder wieder nach Hause zurück. Sie lebte ein Dorf weiter.

Ich stieg immer vor ihr aus und sah sie über meinen Turnbeutel hinweg noch einmal an. Dann ließ ich sie in ihrem Versuch, sich neben jemanden zu setzen, der sie gnädig gewillt dort sitzen lassen mochte und ihr Gezeter ertragen konnte, allein und ging nach Hause.

So ging es Tag für Tag, ja, Woche um Woche, vielleicht sogar Monate lang. Und dann einmal stand sie plötzlich neben mir, drückte statt meiner den Knopf, der dem Busfahrer ein Signal zukommen ließ, hier wolle einer aussteigen und lächelte mich über ihren Turnbeutel hinweg an. Der Bus hielt. Wir stiegen gemeinsam aus.

Einige Kinder schauten uns fassungslos und gierig nach einer von ihnen als abnormal gedeuteten Sensation hinterher. Der Bus fuhr fort.

Da standen wir nun an der Hauptstraße, für deren Überquerung mir meine Eltern strikte Vorsicht eingeflößt hatten, damit ich ja nicht überfahren werden konnte. Sie zog mich ohne sich umzusehen über die Straße.

Mein Unbehagen, nicht nach einer bereiften Gefahr geschaut zu haben, ließ sie Widerspenstigkeit in meinen Bewegungen spüren.

Sie lachte - hihi - »Hast du Schiss?«

Von plötzlichem, aus Trotz geborenem Mut preschte ich vor und lief über die Straße, um noch vor ihr auf die andere Seite zu gelangen. Doch sie ließ sich nicht abschütteln.

»Wie's aussieht, hast du Mumm«, forderte sie mich dazu

auf, den Nachmittag mit ihr zu verbringen und gleich im Anschluss jeden darauf folgenden Tag. Immer auf der Suche nach Verstößen gegen die Regeln, ständig auf der Pirsch nach Dingen, die uns Freude und unseren Eltern Kummer bereiteten, stets am Rand der Erziehung herumlungernd und Hausarrest riskierend. Den bekamen wir und zur Genüge.

Frech waren wir - aber süß, bis wir heranreiften und unzertrennlich durch die Schule und nachmittags durch das Gelände geisterten. Alte Häuser, verwanzte Keller, rattendurchwanderte Heuböden und gelbstichige Rapsfelder gehörten uns allein.

Mal kam sie zu Besuch und meine Mutter kochte Milchreis, den sie so gerne aß, und mal ging ich sie besuchen und ihre Mutter kochte Hefeklöße mit Backobst, die ich wie wild geworden verschlang und schließlich ließen wir die Felder und Seen hinter uns. Wir schlossen uns auf unseren Zimmern ein und verließen diese nur, wenn unsere Eltern nach uns riefen, um uns etwas zu sagen. Mir sagte meine Mutter, sie gehe zum Einkaufen, oder schickte uns zum Bäcker. Ihr jedoch blühten weniger die Aufträge eine Besorgung zu machen, als ein sinnloses Geschrei, gefolgt von einer knallenden Tür und einer schellenden Ohrfeige.

Wofür, das habe ich nie herausgefunden, das habe ich sie auch nie gefragt. Aber der Schreck darüber saß mit mir in ihrem Zimmer und grinste mich an, so wie auch sie nach einer stillen Weile grienend zu mir zurückkehrte.

Danach bastelten wir Bilderrahmen aus *Lucky Strike*-Schachteln oder bauten ihre Zimmereinrichtung um. Wir polterten, erschlugen ihren Vogel in ihren Käfigen beinahe mit einem umfallenden Schrank, hängten ihre Poster um und bauten Säulen aus Bierdosen als spanische Wand. Dahinter zog sie sich dann aus und zeigte mir ihren aufkeimende Weiblichkeit.

Ich zog mich davor aus und zeigte ihr ein einzelnes Brusthaar und kurz darauf bekamen wir Sexualkunde in der Schule. Wir wussten bereits alles, also warteten wir ab, kicherten nicht wie die anderen Kinder über Geschlechtsteile und dass man darüber sprach. Uns beeindruckte wenig. Das änderte sich, als wir dem Lehrplan weiter folgten und der Unterricht sich danach giftigen Pflanzen widmete.

Der Biolehrer präsentierte uns gleich nach den vielen Beeren und Sträuchern, die uns Angst einflößten, etwas Wichtiges zu Bedenken. Wir durften nicht auch nur noch eine Himbeere unbedacht in unseren Mündern verschwinden zu lassen, saßen doch Fuchsbandwurm darauf und lagen Alkaide und andere Toxine in ihnen verborgen.

Tollkirsche, Bilsenkraut, Pfaffenhütchen, Frauenmantel, Schlüsselblume, Seidelbast, dann Wolfsmilch, Herbstzeitlose, Fingerhut, Giftlattich und Kreuzdorn, …eigentlich war alles um uns herum neuerdings giftig. Und interessant.

So kam es, dass wir einmal, unter einem Storchennest, inmitten einer Lache aus Vogeldreck, den sagenumwobenen Kreuzdorn erkannten. Daneben stand ein vom Lehrer allseits mit Warnungen bedachten Fliegenpilz.

»Meinst du, wir können es anfassen? Oder sind wir dann schon vergiftet?«

»So ein Schwachsinn! Kreuzdorn hilft gegen Entzündungen im Mund. Du kannst damit gurgeln…«

»…aber darfst es niemals runterschlucken«, sangen wir, was unser Lehrer uns gesagt hatte. Wir lachten. Beides nahmen wir kurzerhand mit nach Hause. Dann fütterten wir den Hamster ihrer Schwester mit dem Fliegenpilz, um zu sehen, ob er auch wirklich giftig war.

War er, denn wieder knallte eine Tür und eine Hand in Karlas Gesicht. Wofür, das ahnte ich, dachte ich zumindest.

Karla widmete sich dann mit geschwollener Wange dem Kreuzdorn und trocknete ihn tagelang mit Bedacht. Dann zerkrümelte sie das verdorrte Gewächs und brachte es in eine kleine Glasflasche, hob sie hoch und rühmte ihre Waffe, die sie eines Tages im äußersten Notfall ziehen und zum Einsatz bringen wollte, sprach dabei von ihrer Mutter und dass sie sich noch wundern werde.

Am Ende des Sommers wurde Karla mit deutlicher Wucht in der Stimme der Mutter aus dem Zimmer zitiert. Ich saß eine ganze Weile allein und beschäftigte mich mit ihren Wellensittichen.
 Als Karla schließlich irre lächelnd zu mir zurückkam, hielt sie sich wie immer das Gesicht mit einer Hand, darunter der Abdruck ihrer Mutter Maulschelle. Und grinsend, immer wieder grinsend, als trüge ihr verzerrter Mund den letzten Rest ihres Stolzes im Gesicht auf zitternden Mundwinkeln.

So nahm ich in einem unbemerkten Moment etwas von dem Kreuzdorn, goss ihn zu Hause im stillen Kämmerlein auf. Ich braute ein Gift, dass für sie in die Bresche springen sollte und mischte es ungesehen in das Backobst auf dem Teller ihrer Mutter. Wir aßen nachd er Schule gemeinsam Hefeklöße.
 Die Mutter aß zunächst mit Genuss, stand plötzlich auf und ging hustend in die Küche. Sie kam nicht zurück. Sie sank am Herd nieder und rang nach Luft.
 »Was hat sie?«
 »Ihr blaues Wunder erlebt!«
 »Was ist es?«
 »Kreuzdorn.«
 Karla holte aus und fuhr mir durch das Gesicht, wie eine Kralle die Flocken über den Rücken des Fliegenpilzes jagen mag. Wofür, das wusste ich, doch hat sie da gesagt: »Scheinst Mumm zu haben!«
 »Nein, Schiss!«
 »Dann ist sie wohl jetzt weg vom Fenster, hahaha.« Und so versiegte ihre Kindheit und gleichzeitig unsere Freundschaft.

Ich habe sie letztens getroffen. Nichts als ein Gespenst mit einem dicken Bauch. Schwanger, bei *IKEA*, auf der Suche nach einem Wohnzimmerschrank. Sie trug eine Sonnenbrille. Wir erkannten einander, aßen zusammen einen Teller Köttbüller und sie erzählte, sie sei Pharmazeutin und nun verheiratet. Dann rückte sie ihre Sonnenbrille zurecht und es glomm ein grünblaues Veilchen über den Rand.

»Es ist nichts - nur ein blaues Auge. Bei der Arbeit habe ich einen ganzen Schrank voll Subtanzen.«

»Substanzen?«

Sie schwieg einen Moment lang und sah mich taxierend an. »Hast du Schiss, dass ich sie verwende?«

»Hast du genügend Mumm, sie anzuwenden? Pharmazeutin.«

Ich erhielt keine Antwort auf meine Frage. Stattdessen griff sie nach ihrer Tasche, um zu gehen. »Wir haben Schlimmeres erlebt, nicht wahr? Ich habe nur ein blaues Auge - das ist ja nichts, hähä …«

Ich hasse Lachfrauen!

Anderen ungefragt zur Hilfe zu eilen kann Schaden anrichten, ohne das wir dies bezwecken wollen. Gibt es jemanden, für den du am liebsten alles in die Hand nehmen würdest? Einmal so richtig alles umkrempeln und aufräumen?

Notiere, wer das ist, was du an Stelle dieses Menschen tun würdest und warum?

Nun kennst du deine Version.

Überlege, warum dieser Mensch bisher vielleicht anders gehandelt hat. Versetze dich in seine Lage. Es ist nicht deine Aufgabe, anderer Leute Problem zu lösen, aber vielleicht kannst du etwas tun, das seinen Weg erleichtert, weil ihr Freunde seid.

Notiere nun, was du wirklich für diesen Menschen tun kannst. Wenn dir nichts einfällt, frage ihn.

Kannst du etwas tun, um zu helfen?

Das N-Modell ᴛ

T7 verlangsamte seine Motoren und starrte auf einen fremden Roboter.

Die anderen, mit denen er hier entlang kam wunderten sich darüber, das er einfach stehen blieb. Es war nicht gewöhnlich, dass sie ihre Fahrt verlangsamten oder gar zum Stand übergingen. Sie waren Zeit-Roboter und mussten so wie auch die Zeit immer in Bewegung bleiben.

Seit langem waren sie im großen Fluss der Vergänglichkeit gefahren, hatten nacheinander zueinander gefunden und waren nun eine stattliche Gruppe von Robotern.

»T7, bleib nicht stehen«, sagte T16 ohne zurückzuschauen. »Wir müssen weiter fahren. Wenn du stehen bleibst, dann rostest du.«

T7 jedoch bat die anderen kurz zu verharren, denn er hatte etwas Seltsames an dem fremden Roboter entdeckt, der etwas abseits des Flusses liegen geblieben war. Er verließ die Gruppe und fuhr zu ihm hinüber.

Aus der Ferne hatte er ausgesehen wie ein defektes Gerät, so als habe ihn vor langer Zeit jemand in diesem leeren Raum, der sich in alle Richtungen erstreckte, abgestellt.

An den Seiten der verstummten Maschine erkannte T7 beim Näherkommen typische Merkmale eines Zeit-Roboters. Ihre Beschriftung an der Seite war wie seine eigene, nur dass N2 darauf stand.

N2 musste schon lange bewegungslos hier gestanden haben, denn die Zeit hatte im vorüberziehen einige Spuren an ihr hinterlassen. Sie bewegte sich nicht, sie starrte bloß mit verloschenen Objektiven auf den Fluss, aus dem T7 gekommen war und an dessen Ufer die anderen nun auf ihn warteten.

Von einem kleinen Summen begleitet, fuhr T7 seinen Greifarm aus und kratzte vorsichtig einige Zeitrückstände von N2´s Kennzeichnung herunter.

»Was hast du da gefunden?«, wollte T∏ wissen, als sie dazu kam. Auch A7, A23 und R8 waren vom Ufer herüber gekommen, um anzuschauen, was ihr Freund untersuchte.

»Eine Maschine, die ich noch nie gesehen habe«, antwortete dieser und drückte auf den verstaubten Startsensor.

Für einen kleinen Moment surrten die verstummten Motoren auf und es wurde erkennbar, dass ein wenig Energie durch die Objektive von N2 floss. Nur sehr schwach. Und sie reichte nicht, um den verlassenen Roboter wieder zum Laufen zu bringen. An ihrer Seite hing ein herrenloses Kabel herab.

Als dann schließlich auch E7, S^2 und R6 hinzukamen, um nachzusehen, was ihre Freunde so lange aufhielt, versuchte T7 erneut, den Startsensor zu betätigen.

Ein Ruck ging durch N2 und alle Roboter wichen erschrocken zurück.

S^2 warnte: »Sei vorsichtig. Sie ist ein N-Modell.«

»Ja, sei vorsichtig«, stimmten die anderen mit ein.

»Was ist mit ihr?«, wollte T7 wissen und untersuchte das Stehengebliebene genauer.

»Sie scheint schon lange hier zu stehen. Vielleicht ist sie verendet oder ihre Stromzufuhr ist defekt«, sagte R6 und begab sich zurück in Richtung Fluss. »Kommt, wir sollten lieber weiter ziehen.«

»Wartet!«, bat T7. »Vielleicht kriegen wir sie wieder zum Laufen.«

»Aber das hast du doch bereits versucht«, wandte T∏ ein und fuhr um ihren Freund herum. »Es hat doch nicht funktioniert.«

»Vielleicht hat sie nur keinen Strom. Ich werde sie an meinen Stromkreislauf anschließen und einer von euch kann sie dann erneut starten«, schlug T7 vor.

Die anderen protestierten jedoch. Sie warnten T7 davor seinen Stromkreislauf zu unterbrechen, immerhin würde das N-Modell nicht umsonst so regungslos dastehen und nicht mehr laufen.

»Habt ihr denn gar kein Mitleid? Sie ist eine von uns.«

»Ja, das mag sein«, entgegnete S², »Aber wenn du dich mit ihr verbindest, könntest auch du stehen bleiben. Vielleicht hat sie einen Virus. Stell dir nur vor, wie schrecklich es wäre, wenn er sich in dein System einpflegt.«

»So ein Unsinn. Ich werde ihr doch bloß einen Stromimpuls geben, um ihre Batterie wieder zum Leben zu erwecken. Ich habe genügend Energie gesammelt. Ich nehme an, sie hat dieselben Programme wie wir, nur dass dieses Modell etwas jünger ist. Sie wird sich von allein regenerieren.«

»Aber sie ist ein N-Modell, T7«, gab T∏ ein weiteres Mal zu bedenken. »Die sind mir nicht geheuer. Ich weiß von einer Studie über diese Roboter-Serie. Es gab einen Produktionsfehler, meine ich. Ich glaube mich sogar daran zu erinnern, dass sich ihre Geister verflüchtigt haben sollen. Ich weiß es nicht mehr so genau, aber es war eine Warnmeldung, die wir damals bekommen haben. Sie sind unbrauchbar und sieh nur, sie steht schon sehr lange hier. Sie ist verendet. Wir sollten wirklich weiter ziehen und uns nicht um sie scheren. Sie ist nicht wie wir.«

»Ja, ich habe auch davon gehört«, bestätigte R8. »Wenn ich doch nur wüsste, warum diese Modelle zurück gerufen worden sind. Ich werde meinen Speicher durchsuchen.«

T7 jedoch wollte davon nichts hören und fuhr seinen Ladestecker aus. Er verband seinen Stromkreislauf trotz der anhaltenden Warnungen seiner Gruppe mit N2 und siehe da, das

N-Modell schien den Strom gebrauchen zu können, denn ihre Sensoren und LED-Anzeigen leuchteten schwach auf.

Der fremde Roboter richtete seine Gestalt auf und erhielt dank T7`s Impuls neues Leben. Ihre Sprachmodule spuckten einen abgebrochenen Satz aus und ihre Objektive sahen verwundert in die Runde, die um sie herum stand.

»Hallo«, begrüßte T7 das N-Modell freundlich. »Wer bist du und warum stehst du hier allein herum?«

»Guten Tag«, antwortete N2 kaum hörbar. »Ich weiß es nicht. Ich war lange Zeit im Sparmodus und das letzte, woran ich mich erinnern kann, ist, dass meine Laufketten nicht mehr richtig funktionierten. Wo ist mein Zwillingsmodul? Ich bin ein N-Modell, musst du wissen.« Der wieder erwachte Roboter blickte schweigend auf die anderen und scannte deren Namen in seinen Speicher.

»Was hat es mit deinen Laufketten auf sich?«, wollte T7 wissen. »Sie sind zwar etwas verrostet und die Zeit hat sichtbare Spuren darauf hinterlassen, doch sehen sie für mich aus, als wären sie noch funktionstüchtig.«

»Das sind sie auch. Aber N-Modelle können nicht allein einfach losfahren. Wo ist mein Zwillingsmodul?«

»Was soll das heißen?«

»Wir sind nicht dazu konfiguriert allein zu sein. Wir funktionieren nur, wenn wir unser System mit unserem Zwillingsmodul verbunden haben. Nur dann kann ich mich fortbewegen.«

»Was geschieht, wenn du keine Verbindung hast?«, drängte sich E7 nach vorn und musterte N2 genauer.

»Dann bleiben wir stehen, weil unser System nicht richtig funktionieren kann. Wir brauchen den externen Speicherplatz.«

Im selben Augenblick, da N2 ihren Satz zu Ende gesprochen hatte, schaltete sich ein weiteres Sprachmodul in ihr ein und warf schrille Laute aus, sodass die anderen ihre Audiosensoren dämmen mussten.

T7 aber hörte den Lauten von N2 gebannt zu. Er selbst hatte ein ganz ähnliches Sprachmodul in seinem System, von dem er vermutet hatte, es sei ein Überbleibsel von früheren Programmierungen. Er hatte es nie anwenden können, es für ein unbrauchbares Datenfragment gehalten, weil es sich nicht nutzen ließ, doch nun schaltete es sich automatisch zu, als habe es seit geraumer Zeit darauf gewartet, aktiviert zu werden. T7 war plötzlich in der Lage, die Laute zu entschlüsseln, die N2 von sich gab.

In seinem Display stand: »N-Sprache wird konfiguriert.«

Die N-Sprache war eine hoch entwickelte Kommunikationsebene, die jedoch einen Fehler in ihren Sequenzen aufwies, sodass die Audiokanäle eine Rückkopplung simulierten und sie deshalb niemand verstehen konnte. Außer T7.

Die anderen wichen zurück und sagten ihrem Freund, er solle seinen Stromadapter nun von dem N-Modell trennen, denn seine Akkuleuchte habe nur noch wenig Ausschlag. Er löste den Stecker und holte seinen Adapter wieder zu sich zurück.

Sogleich begann N2 noch schriller zu pfeifen und T7´s eingelagertes Sprachmodul übersetzte: »Ich brauche eine Verbindung zu deinem System, damit ich weiter fahren kann. Bitte verlinke dein System mit meinem. Der Port ist an meiner Seite, gleich unter meinem Namen, dort wo ihr eure Belüftungssysteme habt. Bitte öffne meinen Port und hilf mir. Ich will nicht mehr allein sein. Ich will mit euch gehen und ein Teil eurer Gruppe sein.«

Als T7 reagierte, war N2 sich sicher, dass er sie verstanden hatte.

Die anderen aber beobachteten N2 misstrauisch und riefen weitere Warnungen aus, als T7 die Klappe zu dem fremden Port öffnete und prüfte, ob seine Stecker passte.

»Hat sie etwas zu dir gesagt?«, fragte S^2 verwundert nach.

»Ja, ich soll mein System mit ihrem verbinden. Sie kann sonst nicht weiter fahren und wir sollten sie auf keinen Fall zurück lassen.«

S^2 ließ ihre Alarm-LEDs aufleuchten. »Tu es nicht, T7! Was sie spricht, ist für keinen von uns angenehm. Wir alle haben unsere

Audiosensoren herunterfahren müssen und sag mir bitte, wie leichtsinnig du sein möchtest, dein System mit ihrem zu verbinden. Sie könnte alles Mögliche in die hineinspielen. Das ist gefährlich. Lass es lieber und komm mit zurück zu den anderen.«

»Nein, wartet noch«, widersprach T7 und fuhr seinen Systemstecker aus. »Ich muss ihr helfen. Sie scheint harmlos zu sein und einen Virus hat sie bestimmt nicht. Ich habe eine ganz neue Firewall, die verhindert, dass sich etwas Verkehrtes in meinem Speicher niederlässt. Vertrau mir S², ich weiß, was ich tu.«

»Aber sie hat für ihren Systemstart mehr als die Hälfte deiner Energie verbraucht, T7. Sei nicht dumm«, wandte T16 ein. »Eine Verbindung halte ich für riskant. Keiner von uns muss sein System mit einem anderen teilen. Wir regenerieren uns von selbst. Dass sollte auch sie tun.«

»Ich werde keinen Schaden nehmen«, versicherte T7 und verband sein System mit N2. Sofort kam neues Leben in ihre Glieder, sie warf die Spuren ihres Schlafes ab und erschien wie von selbst in neuem Glanz. Gleichzeitig überschlug sich ihr Audiokanal und ihre Laute schwollen zu einem unerträglichen Kreischen an, das die anderen zurück zwang, denn selbst durch die heruntergefahrenen Audiosensoren drang ein unangenehmen Fiepen von N2 bis in ihre Speicher hinein.

»Das halten wir nicht aus«, sagte S² so laut es ging und fuhr zu den anderen, die besorgt zusahen, wie T7 begann sich zu verändern, während sich N2 mit seiner Hilfe regenerierte.

Auf einmal kam R6 aus der Menge hervor und sagte: »Suche abgeschlossen. Die N-Modelle verfügen über einen enormen Speicherplatz. Allerdings fressen sie unglaublich große Ressourcen. Sie gelten daher als unbrauchbar, weil sie ein zweites System benötigen, um korrekt zu funktionieren. Man hat für jedes N-Modell ein externes Modul angefertigt, das ihre Systeme stabil halten sollte. Das ist das Zwillingsmodul, von dem sie gesprochen hat, bevor sie so seltsam begann zu schreien. Sie benötigen mehr Ressourcen für ihr komplexes System, als wir. Der Fehler liegt darin, dass sie alle angekoppelten Systeme aussaugt und schließlich trotzdem auf einen Systemabsturz hin treiben wird. Das Zwillingsmodul muss verloren gegangen sein, denn ihr Outsource-Kabel ist verwaist. T7, trenne sofort die Verbindung zu dem N-Modell und verriegele deine Instanzen sonst schaltest du dich ab!«

Die anderen gerieten in hellen Aufruhr, denn auch ihre Speicher hatten ähnliche Informationen zu Tage treten lassen. Einige kehrten zurück zum Ufer, um in den schützenden Fluss hineinzufahren, auf dem sie hier her gekommen waren und andere fuhren aufgebracht um die verbundenen Roboter herum, um die Verbindung zwischen T7 von N2 zu lösen.

Doch N2´s Audiokanäle kreischten so unerträglich, dass die Verbliebenen mit fast zerstörten Sensoren zurück wichen.

T7 war derweil zusammengesackt, weil ein enormer Datenstrom aus seinem System heraus gezogen wurde, um die N-Relais zu regenerieren. Je mehr sie von ihm zog, desto schwächer wurde T7 und umso kräftiger wurden ihre Versuche, die anderen von ihm fortzujagen. Sie fuhr ihre Verteidigungsprogramme hoch um zu verhindern, dass die Verbindung aufgehoben wurde. Sie wusste, dass sie sich wieder herunterfahren würde, wenn die Verbindung nicht stabil blieb.

Eigentlich führte sie nichts Schlechtes im Schilde. Sie musste T7´s System unter ihre Kontrolle bringen, damit sicher gestellt war, dass sie überleben konnte. Danach würde sie, wie voreingestellt, sein System am Laufen halten. Natürlich waren die anderen nicht damit einverstanden, weil es aussah, als würde das N-Modell ihren Freund zerstören.

S^2 kam schließlich aus dem Strom der Zeit zurück und schlug entschlossen auf das verbindende Kabel.

N2 jedoch fauchte laut und verbrannte S^2 mit ihrem Laser.

»Was geschieht hier?«, kreischte T7 in der fremden Sprache und in seinem Display stand: »N-Sprache erfolgreich konfiguriert. Bitte starten Sie das System neu, um die Änderungen zu übernehmen«.

»Ich werde dich mit Energie versorgen, mein Helfer. Vielen Dank, dass du mich gerettet hast. Wir werden beide nebeneinander existieren, doch dazu ist es notwendig, dass ich dein System übernehme. Keine Angst, es geschieht dir nichts«, kreischte sie zurück, sodass nun auch E7 und A7 erschrocken zum Fluss flohen.

»Wir können ihm nicht helfen. Ich denke, das N-Modell wird ihn zerstören, so wie sicher viele andere vor T7«, sagte A23 traurig und rollte mit bedeckten Audiosensoren zurück in den Fluss. »Wir müssen ohne ihn weiter ziehen.«

»Was wird aus T7?«, wollte T∏ wissen und R6 antwortete ihr: »Seine Schaltkreise werden verschmoren. Danach stürzt sein System ab und bestenfalls wird sie ihn danach lenken. Doch ein eigenes Leben, so wie wir, wird er nicht mehr führen können. N-Modelle sind auf Co-Existenz angewiesen. Wir jedoch sind für monogame Existenzen gemacht. Kommt nun, es hat keinen Sinn länger hierzubleiben. Die Zeit beginnt, ihre Spuren auf uns niederzulegen. Kommt mit zurück in den Fluss.«

T7 sah mit müden Objektiven auf und erkannte, wie seine Freunde nach und nach mit traurigen Minen in den Fluss zurückkehrten und sich darin fort bewegten, ohne zurückzuschauen.

»N2, was wird aus mir? Was wird aus meinen Freunden? Sie ziehen weiter.«

»Hab keine Angst, T7. Wir werden ihnen bald folgen. Es wird alles gut«, antwortete sie ihm.

Doch T7 spürte, wie er mehr und mehr Energie verlor und bekam große Angst, dass sich sein System von allein abschalten würde, bevor er seine Instanzen gesichert hatte. Er versuchte auf seine Hotkeys zurückzugreifen, doch N2 hatte die meisten davon bereits umprogrammiert und mit ihrer eigenen Programmiersprache versehen.

»Du brauchst dich nicht zu fürchten. Wir werden als Zwei existieren, T7. Für alle Zeit.«

Bis auf die verletzte S^2, waren nun auch die Letzten zurück am Flussufer und schauten sich noch einmal um. Aus der Ferne sahen sie, wie sich ihr Freund krümmte. Er bebte als würden seine Bewegungsprogramme einem Kurzschluss unterliegen. An der Stelle, an der er mit N2 verbunden war, stoben grelle Funken empor.

»Lass mich los«, surrte T7 mit schwindenden Kräften. »Lass mich wieder los. Ich habe dich gerettet, versucht dir zurück ins Leben zu helfen. Jetzt spüre ich, wie du nach und nach alle meine Schutzfunktionen außer Kraft setzt.«

»Das muss ich, damit wir funktionieren.«

»Aber ich funktioniere auch allein. Warum kannst du nicht allein funktionieren?«

»Dazu bin ich nicht gemacht. Ich muss zu zweit sein.«

In Windeseile durchlief T7 seine Speicher und suchte nach noch unberührten Dateien, um sie zu verriegeln.

»Ich will nicht zu einem Teil deiner Schaltkreise werden«, ächzte er und sah an sich hinab. Sein Akku glühte mittlerweile, weil das N-Modell ihn mit Höchstgeschwindigkeit entlud und neuen Strom hindurch jagte, wie durch einen Filter.

»Du wirst ja auch noch immer du sein. Nur mit dem Unterschied, dass wir beide unzertrennlich sein werden. Du wirst den Unterschied gar nicht bemerken. Stattdessen wirst du für immer Gesellschaft haben.«

»Was ist mit meinem Willen? Ich spüre, dass du dich durch jede Instanz toastest und ihn für dich beanspruchst.«

»Nun, ich muss zugeben, dass ist etwas, was ich nicht vermeiden kann. Meine Kapazität ist größer als deine, deshalb wird dein Identitätsprogramm und somit auch das, was du für deinen Willen hältst, zunächst kopiert, neu eingebettet und zukünftig von mir gesteuert werden. Ich habe bereits damit begonnen die Dateien zu kopieren, um sie dann von deiner Festplatte zu löschen. Du wirst sie nicht mehr brauchen und deine Identität in mir wieder finden. Eine exakte Kopie, nur an einem anderen Ort.«

»Wenn mein Wille in dir gespeichert wird, dann ist es nicht mehr mein eigener.«

»Doch, denn der Dateiordner trägt deinen Namen.«

»Aber du entfernst die Quelldatei aus meinem System, dann ist mein Korpus nur noch etwas, dass von extern gesteuert wird, wie eine Marionette.«

»Glaube mir«, begütigte das N-Modell. »Das wird nicht mehr wichtig sein. Es wird dir nichts geschehen. Du bleibst unversehrt.«

»Mein Akku glüht und du brätst meine Relais, ich habe schon jetzt Schaden genommen.«

»Das regeneriert sich. Ich werde dafür sorgen. Mein Regenerationsprogramm ist unvergleichlich. Es ist eines der neuesten, die existieren.«

T7 sah sich noch einmal um und erkannte, wie S^2 von A7 gestützt zurück in den Fluss gebracht wurde und darin fort fuhr. Dann verschwand das Leben aus seinen Objektiven und er sackte neben N2 zusammen.

»Wir sind fertig. Es fehlt nur noch ein Bruchteil deiner Dateien und dann erwecke ich dich zu neuem Leben, mein Freund, so wie du es mit mir getan hast«, surrte N2 und bewegte all ihre Gelenke. Sie fühlte sich so frei wie lange nicht.

T7 stand mit zur Seite gekipptem Korpus neben ihr und starrte mit leblosem Objektiv auf den Weg, den seine Freunde von ihm fort genommen hatten.

N2 schloss die Kopievorgänge ab und war vollständig wieder hergestellt. Dann sicherte sie das Kabel, das die beiden verband und begann damit, T7 zu steuern. Sie ließ ihn vor und zurück fahren, richtete seinen Korpus auf und drehte seine Objektive zu sich, damit sie das Gefühl hatte, er würde sie ansehen. Sie betätigte seinen Startsensor und gab ihm einen Stromimpuls, damit er wieder zu sich kam.

Sein Akku kühlte sich ab und ein Summen war beim hochfahren seiner Systeme zu hören. Dann kippte sein Kopf zurück in seine vorherige Position.

Als N2 ihn wieder zu sich drehte, blieb ihr Versuch jedoch vergebens. Der Kopf von T7 wollte ihr nicht gehorchen und kippte wieder und wieder von ihr fort. Auch die Versuche über das System die Steuerung über seinen Kopf zu erlangen, schlugen fehl, denn T7 hatte es geschafft sein letztes Schutzprogramm zu verriegeln, bevor N2 es neu programmiert hatte. Sie war unzufrieden damit, dass sie ihn nicht vollständig unter Kontrolle zu haben schien und öffnete die Klappe zu seinen Schaltkreisen, um sie zu überprüfen und gegebenenfalls neu zu installieren. Doch noch immer wollte T7´s Kopf ihr keine Folge leisten, er kippte einfach immer wieder zur Seite und sah somit von ihr fort.

Jetzt wurde das N-Modell ungeduldig und hielt seinen Kopf mit mechanischer Kraft auf sich gerichtet. »Mach deine letzte Instanz auf, T7. Ich brauche sie, um uns beide am Leben zu erhalten.«

T7 jedoch blieb regungslos.

»Willst du mir nicht gehorchen? Du darfst nicht abgeschaltet bleiben. Sonst muss auch ich zurück in den Tiefschlaf, aus dem du mich geweckt hast.«

Plötzlich schaltete sich das Überlebensprogramm von T7 ein, das sich hinter dem letzten Schutzprogramm in seinem Kopf verborgen hatte. Es bewirkte, dass sich T7´s Sprachmodule wiederherstellten und er sagte mit schwachem Output: »Was hast du getan?«

»Ich habe uns beide gerettet«, antwortete N2 stolz und wenig überrascht, dass sich ihr eigens ernanntes Zwillingsmodul regte.

»Du hast mich in dich hinein kopiert und mich meiner Identität beraubt. Mein Korpus ist nichts weiter als ein externer Speicher, der deinen Zwecken dient.«

»Ja, aber dafür sind wir nun für immer zu zweit.«

»Nein, das sind wir nicht. Du bist allein, denn ich existiere nicht mehr. Stattdessen bin ich ein Teil deines Systems. Das einzige, was noch eigenen Charakter hat ist mein Kopf, denn in ihm ist meine letzte Instanz.«

»Das macht nichts«, sprach N2 unbekümmert, obwohl sie wusste, dass sie damit falsch lag. »Nach einer Weile werden wir uns schon verstehen und du wirst dich daran gewöhnen, dass ich dich lenke. Dann wirst du auch deine letzte Instanz öffnen, weil du mir vertraust.«

»Das werde ich nicht tun«, gab T7 leise von sich.

»Aber was wirst du dann tun? Stur bleiben und riskieren, dass wir beide irgendwo in der Einöde verenden?«

»Nein«, antwortete er leise. »Ich werde mich abschalten. Ich kann es mit meiner letzten Instanz steuern. Denn der freie Wille, der mir geschenkt wurde, ist darin verborgen. Du konntest ihn weder umprogrammieren noch kopieren.«

Erschrocken darüber, dass ihr ernanntes Zwillingsmodul tatsächlich noch über restliche Willenskraft verfügte, sprach N2 jede Menge Warnungen aus, doch die beeindruckten T7´s verbliebenes Ich nicht. Stattdessen sammelte er seine Kraft und sagte: »Wenn ich mich nicht selbst lenken kann, dann wähle ich das stille Dasein. Lieber leblos, als dass man über mich verfügt. So gut deine Absichten erscheinen mögen, N2, ich bin nicht dein Zwillingsmodul, das seelenlos war. Ich bin noch immer ein wenig ich selbst. Und ich schalte mich jetzt ab.«

Damit verstummte der Zeit-Roboter und im selben Moment, da seine Motoren sich gegen den Willen von N2 abschalteten, wurde sie von Panik ergriffen. Sie wusste, es blieben ihr nur wenige Sekunden, bevor sie sich selbst herunterfahren würde, weil ihr externer Speicher nicht mehr zur Verfügung stand.

Sie kreischte laut auf, doch blieb ihr Wehklagen ungehört und so zerschlug sie die Verbindung, die sie bis eben noch als lebenspendende Nabelschnur gesichert und behütet hatte. Sie wollte zum Fluss der Vergänglichkeit fahren, weil sie hoffte, dass er sie vielleicht zu einer rettenden Hand führen würde, wenn sie nur darin triebe, doch auf dem halben Weg bereits verlangsamten ihre Motoren. Ihre Bewegungen wurden stockender und verstummten schließlich kurz vor ihrem Ziel.

»Ist er noch intakt?«

»Ich weiß es nicht, einige seiner Schaltkreise scheinen durchgeschmort zu sein. Vielleicht sind sie aber noch zu retten und nicht defekt. Außerdem leckt der Akku. Sieht so aus, als hätte er sich selbst abgeschaltet. Die einzige Chance ist, ihm Strom zu geben. Ein kleiner Impuls wird genügen. Vielleicht schaltet er sich dann wieder ein und regeneriert sich von selbst. Wenn wir seinen Kopf erreichen, dann gibt es Hoffnung für ihn. Bring ihn zu den anderen. Wir schauen ihn uns später gemeinsam an. Den Rest wird dann die Zeit entscheiden.«

»Was wird aus dem anderen hier?«

»Nichts. Der hat eine Fehlfunktion. Lass ihn stehen.«

Auch in dieser Geschichte geht es um Hilfe und um Freundschaft. Ein wahrer Freund ist, wer auch die Dinge akzeptiert, für die er sich nicht erwärmen kann. In vielen Fällen wissen unsere Freunde mehr über uns als wir, deshalb fragen wir sie um Rat.

Gibt es etwas, das du an einem Freund nicht ausstehen kannst? Bist du trotzdem bereit es hinzunehmen und kannst du offen darüber sprechen?

Notiere dir zuerst, was dich an jemand Nahestehendem stört. Schreibe dann auf, warum du es hinnimmst. Und ob ihr trotzdem Freunde bleiben könnt.

Weißt du, wer dein Freund ist?

8

Das Gefühl von Unsicherheit

Hellsehen ist Seemannsgarn, aber es gibt auch Dinge, die mit einhundertprozentiger Sicherheit vorauszusagen sind, dachte Sille, legte einen Plastiklöffel zur Seite und strich sich eine ihrer dunkelbraunen Haarsträhnen von der Stirn.

Im Fernsehen wurde von rot gelockten Damen mittels Karten und Rauchzeichen die Zukunft vorhergesagt. Daher wurden ihre Gedanken umgerührt, wie der Griesbrei, der in einer kleinen Schüssel vor ihr auf dem Tisch stand.

Mag sein, dachte sie weiter, *dass es Situationen gibt, aus denen man eine Folge ableiten kann, die so sicher kam, wie das Amen in der Kirche.* Jedoch gab es auch Menschen, denen kein Amen über die Lippen kommen wollte, selbst wenn sie auf den knartschenden Bänken inmitten einer gläubigen Gemeinde saßen. Einen davon kannte sie sehr gut.

Er war sich nicht sicher, ob er gläubig war oder nicht, aber er suchte beizeiten die Nähe zu Gott. Trotzdem mochte er das Schlusswort »Amen« nicht aussprechen, weil es ihm einen peinlichen Schauer bescherte.

Also ist nichts von vorn herein abzusehen, überlegte sie, *weil es den freien Willen gibt, denn er entscheidet sich ja dagegen, warum auch immer. Das Amen in der Kirche ist zwar eine landläufige Redewendung, aber dennoch nur eine Halbwahrheit.*

Wie sie bald feststellte, gab es viele dieser Halbwahrheiten und Märchen: Von Schokolade kriegt man Pickel. Sie selbst aß Unmengen davon und glücklich machte sie die Schokolade auch. Diese Wirkung war jedoch medizinisch bewiesen. Was die Mediziner nicht beweisen konnten war, dass der braune Nervenfreund die Haut verunreinigte. Ihr Arzt hatte es ihr sogar bestätigt: »Mag sein, dass manch einer nach dem Genuss von Schokolade mit Pickeln reagiert, aber das ist bei jedem verschieden.«

Sille reagierte bloß mit Gier auf die Schokolade, nicht jedoch konnte sie feststellen, dass sie ihr Pickel verpasste. Ihre Pickel kamen vom Stress und außerdem hatte sie Mischhaut. Die T-Zone, die hier und dort von roten Punkten geziert wurde, hatte mit Schokolade herzlich wenig zu tun.

Sie begann in Gedanken nach weiteren Lebensmärchen und Legenden der Urbanität zu suchen.

Ein Hund der einmal beißt, beißt immer. *Nein*, widerlegte sie im Kopf. *Der Dackel meiner Schwägerin hat ein einziges Mal gebissen und das nur, weil ihm ein grober Mensch in die Enge getrieben hatte, seitdem nie wieder.*

Lügen haben kurze Beine. *Niedlicher Spruch, aber auch nicht wahr*, denn sie kannte jemanden, der war mindestens zwei Meter groß und log wie gedruckt.

Mal was ganz anderes: Ihr bester Freund war, was die Partnerwahl anbelangte, ziemlich unentschlossen. Er ertrug niemanden, der ihm zu nahe trat. Allerdings hatte er eine Schwäche für dunkle Haut, der er von vornherein einen Stein im Brett gewährte. Trotzdem hatte er sich nie auf jemanden einlassen wollen, weil er es liebte, seine Tür einfach zuzuschlagen und die weite Welt dahinter zu verbannen.

Vor etwa einem Jahr hatte er jemanden kennengelernt und war bereits nach wenigen Wochen mit diesem Menschen zusammengezogen. Ihre eigene Prognose, er könne keine Beziehung führen, widerlegte sich seither Tag für Tag.

Das Wörtchen Sonnenklar wurde ihr in diesem Moment ebenfalls schleierhaft, denn wenn sie jetzt aus dem schrägen Fenster über ihr sah und in die Sonne blickte, erkannte sie keinen klaren Kreis, eher ein blendendes, waberndes Ei. Es blendete sie so sehr, dass die Welt vor ihren Augen verschwamm.

Voller Bauch schwimmt nicht gern? *Blödsinn*, nach einer ordentlichen Portion Pommes sprang sie in die Fluten und schwamm sogar noch viel schneller.

Senf macht dumm? *Nein*, dachte sie, ihr bester Freund aß praktisch zu allem Senf und der war alles andere als dumm.

Sille senkte ihren Blick und blinzelte einige Male, denn das helle Fenster hinterließ einen lang anhaltenden Negativabdruck auf allem, was sie in ihrem Wohnzimmer betrachtete.

Zeit fließt davon? Nein, Zeit verrinnt? Sie war weder wie Sand noch wie Wasser, konnte bestenfalls mittels beidem gemessen werden, aber gegenständlich war sie nicht, also konnte sie gar nicht verrinnen. *Gerinnt sie wie Sahne, verdickt sich und wird träge, so wie an diesem Vormittag, an dem einfach nichts geschah? Schon eher.*

Sie konnte es nicht ausstehen, wenn die Kassiererinnen ihre Joghurts unachtsam über den Scanner zogen und ihn schleudernd umdrehten, weil die Sahnehaube dann kaputt ging. Eigentlich regte sie sich immer darüber auf, aber gestern war es ihr zum ersten Mal egal gewesen. Und wo sie gerade bei Dingen war: Nicht jedem, der ihr ungeniert an die Brüste fasste, scheuerte sie eine. Es kam nämlich darauf an.

Sie war keine Frühaufsteherin, stand jedoch jeden Morgen gegen sieben auf, manchmal sogar noch früher.

Ihr Mann war nicht faul, lag jedoch ständig auf dem Sofa zum Chillen.

Ein gut geschriebenes Buch musste ihr nicht unbedingt gefallen und ein Model fand sie nicht bedingungslos schön.

Ein Brötchen fällt nicht immer auf die Butterseite, ihres landete regelmäßig auf die Kruste, außer bei Nutella.

Nach viel Wasser oder Tee trieb ihre Blase überhaupt nicht. Sie rannte eher auf die Toilette, wenn sie extra nichts getrunken hatte und ihr Waschgel machte die Haut überhaupt nicht porentief rein.

Ihr Mann machte HipHop Musik und war eigentlich immer dezent bis unauffällig gekleidet, Eier wurden nicht immer weich, wenn sie exakt viereinhalb Minuten kochten, trotz verschärfter Sicherheitskontrollen gegen den Terror gab es immer wieder Anschläge und verlassene Koffer auf Flughäfen, die BILD-Zeitung hatte einen Sahara-Sommer angekündigt und trotzdem hatte es, bis auf ein paar sonnige Tage, den ganzen Sommer lang geregnet.

Ihr bester Freund, der sich immer um mindestens eine halbe Stunde verspätete, kam auf einmal pünktlich und sie war noch nicht einmal angezogen und manchmal versagte ihr Deo schon nach zwei, anstelle von versprochenen zwölf Stunden.

Eigentlich gab es so gut wie nichts, auf das man sich verlassen konnte, kam sie zum Schluss, weil auch die TV-Schamanin sich verabschiedete.

Sille wurde unsicher und hielt nach etwas Ausschau, das ihr dieses Gefühl wieder nehmen konnte.

»Aha!«, sagte sie schließlich und war ein wenig beruhigt. »Auf eines kann ich mich verlassen.«

Sie griff zielsicher nach rechts und zog an einem kleinen Plastikbügel. Während ein schmatzenden Geräusch ertönte, dachte sie: *Hellsehen ist Seemannsgarn, aber das hier ist so sicher wie das Amen in der Kirche.*

Sie nickte zufrieden und zählte laut: »Drei, zwei, eins ...« und ihre kleine Tochter Lilly begann wie auf Kommando zu schreien.

Magst du es auch nicht, wenn dein Joghurt nach dem Einkauf wie ein Kamikaze-Becher aussieht? Und wo wir gedanklich gerade im Supermarkt sind: Ist deine Schlange an der Kasse immer die, in der es länger dauert? Vorher wolltest du allerdings in die andere Schlange, die dann schneller ist?

Manchmal hören wir nicht auf unser Bauchgefühl.

Notiere drei Situationen, in denen du besser auf dein Gefühl gehört hättest.

3

2

1

Hörst du

auf dein

Bauchgefühl ?

Durch die Hintertür

9

Vor ihm stand das große alte Bauernhaus aus gelbem Backstein. Milos sog die schweren Düfte der Spätsommerblumen ein, die der Garten verströmte, als wolle er sich Mut antrinken.

Das Dach war erst vor zwei Jahren gedeckt worden und trotzdem wuchs bereits Moss auf ihm. Nicht viel, aber zumindest so viel, dass es auffiel, wenn die Sonne darauf schien und das schöne Terrakotta durch das leuchtende Dunkelgrün unterbrochen wurde.

Er schulterte seinen Rucksack mit den Schulbüchern, setzte sich in Bewegung und ging um das grundsanierte Haus herum. Seine linke Hand hielt einen länglichen, bauchigen, schwarzen Koffer, der in der untergehenden Sonne schimmerte wie aus Samt. Altes Leder, an einigen Stellen abgewetzt, aber dadurch umso schöner.

Auf seinem Weg hinter das Haus hielt er sich mit seiner freien Hand für einen Moment an der Ecke des Gemäuers fest, als wollte er um den Beistand von etwas besonders Großem und Unerschütterlichen bitten. Er ließ die Ecke wieder los und fuhr mit seinen Fingern über die Fugen zwischen den gelben Steinen entlang. Erst vor einigen Wochen hatte er sie alle eigenhändig mit Farbe versehen. Das ganze Haus hatte weiße Fugen erhalten. Saubere Arbeit. Seine Arbeit.

Die Hintertür des Hauses führte in die Küche. Er griff beherzt nach der Klinke und stellte leider zu spät fest, dass die zweigeteilte Tür wieder einmal nicht in der Mitte befestigt worden war und er deshalb mit den Beinen und seinem Koffer an den unteren Teil stieß. Er fiel beinahe vorn über. Dabei klang ein dumpfes, gequältes Geräusch aus dem schwarzen Leder.

Kristin drehte sich erschrocken herum und warf den Kühlschrank zu.

»Oh Gott, hast du mich aber erschrocken.«

Milos grinste gequält und berichtigte sie: »Es heißt erschreckt.«

»Ja, ja, ich weiß, aber ich war so erschrocken, dass ich nicht richtig reden konnte.« Sie lachten.

Milos öffnete die alte Bauerntür mit einem Griff von innen, um ganz eintreten zu können.

»Und? Schläft das Ding schon?«

»Ja, und wie! Du glaubst gar nicht, wie gut der Babytee wirkt, den du mitgebracht hast. Wo hast du den bloß her?«

»Ich glaube, da ist auch Johanneskraut drin«, schloss Milos grinsend die Tür.

»Ja, gut so. Er schreit eh viel zu viel«, grinste sie zurück und spülte sich die Hände ab. »Hätte ich das gewusst, dann wäre ich im Leben nicht schwanger geworden. Nie hat man seine Ruhe.«

»Ja, so geht es eben zu.« Er legte seine dünne Stoffjacke ab und warf sie über eine der runden, hölzernen Stuhllehnen. Dann ließ er seine Finger über den Tisch und Kristins Keramikfiguren fliegen.

»Kannst du mir heute Abend noch einmal eine Katze bemalen?« Sie ließ die Hände auf ihrem Dekollete nieder. »Ist mir fast unangenehm, dich darum zu bitten, aber ich hab eine Anfrage bekommen und niemand kann das Fell so gut…«

»Schon gut.« Zwinkernd lächelte ihr Milos zu und stellte seinen Rucksack auf einen der Stühle. Seinen Koffer stellte er aufrecht gegen die Gefriertruhe. »Mach ich gern.«

Sie kam um den Tisch herum geflattert, umarmte ihn herzlich und schnappte sich ihren Bastkorb.

»Ich bin dir wirklich dankbar. Also, die Fläschchen für Paul stehen auf der Spüle.« Sie deutete nach rechts. »Und den Zaubertee findest du im Kühlschrank.«

»Kann ich den auch trinken?«

»Nein, um Himmels Willen, dann schläfst du ja ein und kannst nicht auf mein Kind aufpassen.«

»Klar kann ich das.« Lachend ließ sich Milos auf einem Stuhl nieder und griff nach einem der trockenen Pinsel, die in einem Glas vor ihm standen. Daneben ein anderes Glas mit frischem, klarem Wasser, um die Pinsel auszuwaschen. »Das mach ich alles im Schlaf. … Ist Roman da?»

Er bekam keine Antwort.

»Wo ist er eigentlich heute Abend?«

Sie ließ einen Moment der vertrauten Stille vorüberziehen, strich Milos dann gütig über die Wange und verabschiedete sich: »Du bist ein Schatz. Vielen Dank.«

Milos erwiderte ihren Abschiedsgruß mit einem übertriebenen Lächeln und kümmerte sich um die Keramikkatze.

Kristin hatte sie bereits grundiert und so brauchte er sie bloß noch mit dem Pinsel zu bearbeiten. »Ein Fell brushen kann doch jedes Kind…«, murmelte er. »Drei Farben und dann hin und her und fertig.«

Als er die Katze fertig gestellt hatte und die Farbe getrocknet war, nahm er sie erneut zur Hand. Die Schnurrbarthaare mussten mit einem besonders feinen Pinsel gezogen werden.

Er setzte gerade zum letzten Barthaar an, als er einen Schrecken bekam, denn die alte Tennentür öffnete sich auf ihre Weise mit einem lauten Geräusch. Er ließ den Pinsel herab sinken und knallte die Keramik auf den Tisch. »Mann! Musst du mich so erschrecken?«

»Aber ich hab doch nur die Tür geöffnet. Kann ich was dafür, dass du so nervös bist?« Georg schloss die Tür besonders leise und legte seinen Schlüssel auf dem Holztisch ab, gleich neben der Katze, die jetzt ein zerknittertes Barthaar hatte. Mit einem Ruck stand Milos auf, griff im Gehen nach seinem Rucksack und verschwand damit ins Wohnzimmer. »Schon möglich!«, sagte er auf seinem Weg durch die Tenne.

»Was?«

»Nichts!« Er setzte sich im Wohnzimmer auf das Sofa und vergrub seinen Kopf zwischen Notizblöcken und Schulbüchern. Wenig später hörte er Georgs schleichenden Gang auf der Tenne.

»Warum bist du eigentlich zurück? Dann kann ich ja auch gehen.«

»Dann würdest du am Ende kein Geld mit nach Hause nehmen. Und das ist es doch, warum du hier bist, oder? Du willst dir ein paar Euro dazu verdienen.«

»Zu was dazu verdienen? Ich bin Schüler.« Milos Blick fuhr nur kurz über Georgs Hosen, dann widmete er sich wieder seinen Schulbüchern und tat als wäre er an jeglicher Form der Konversation desinteressiert.

Georg kam auf Zehenspitzen auf den Teppich des Wohnzimmers geschritten. »Na ja, wenn man es genau nimmt, wahrscheinlich zum Taschengeld dazu. Oder zu dem, was ich dir an Taschengeld gebe.«

»Behalt dein Geld für dich! Ich nehme nur das, was ich mir verdient habe« winkte Milos ab.

»Aber das hast du doch. Du verdienst jeden Cent davon.«

Zwei weitere schleichende Schritte später war Georg an der Stereoanlage angelangt und begann damit, mit seinen Fingern den Staub von den Knöpfen zu wischen.

»Halts Maul! Du bist eklig!«, murmelte Milos. »Und geh weg oder gib mir das Geld bis elf Uhr. So lange ist Kristin weg.«

Georg sah hinter sich und drehte den Staub zwischen seinen Fingern.

Ohne aufzublicken, äußerte Milos: »Macht dreißig Euro.«

Als würde er in die Küche gehen, um dreißig Euro holen zu wollen, kehrte Georg der Stereoanlage den Rücken und verließ das Wohnzimmer.

Milos stand indes auf, ging zur Anlage hinüber und schaltete sie ein. Er drückte einfach auf den Startknopf, ohne zu schauen, was für eine CD darin lag. Dann drehte er die Knöpfe, die Georg mit seinen Fingern abgewischt hatte so um, dass die wieder Staub aufzeigten.

Kaum, dass er sich wieder hinter seine Schulbücher gesetzt hatte, kam Georg zurück und lehnte sich in die Flügeltür.

»Wo ist Roman heute Abend eigentlich?« Für einen Moment sah Milos von seinen Geschichtsbüchern auf und wartete die Antwort ab. Zur Antwort allerdings hatte Georg seine Hose bereits in der Küche gelassen und präsentierte seine spärlich behaarten Beine nebst prall gefülltem Schlüpfer in der alten Flügeltür.

Milos strafte ihn dafür mit einem Blick. »Hau ab! Was soll das werden?«

»Ich dachte, ich gebe dir heute mal einen aus.«

»Einen ausgeben? Ich bin sechzehn. Wo willst du denn mit mir einen trinken gehen.« Die Geschichte Nordbritanniens wurde ungemein interessant und so zog Milos das Buch näher an sein Gesicht heran.

»Kommst du rüber?«

»Nein«, wies Milos ihn ab, ohne aufzusehen. »Ich habe zu tun. Und zieh dir deine Hose wieder an!«

Georg tat alles andere, als sich die Hose aus der Küche zurückzuholen: er kam einen Schritt näher.

Ohne jede Bewegung, bloß durch einen drohenden Blick, den er von seinem Buch aufschlug, brachte Milos Georg zurück vor die Teppichleiste. Da seine Botschaft angekommen zu sein schien, entspannten sich seine Züge wieder.

»Du weißt schon. Einen ausgeben …«

»Du meinst Schweigegeld für deine Sauereien.«

»Komm schon, es macht doch Spaß.«

»Tut es nicht!«

Georg zuckte für einen Moment zusammen, als Milos sein Geschichtsbuch laut zuschlug und es in seinen Rucksack zurück steckte. Dann zog er seine Tasche zu, nahm sie mit einer Hand auf und ging an Georg vorüber. Dabei musste er ihn mit einer Hand aus dem Weg schieben. Sie grub sich in Georgs schwammige Brust und schaffte ihn beiseite. Die kurze Berührung bescherte beiden ein Schaudern.

Milos unterdrückte seine Gänsehaut und ging zielstrebig zu seiner Stoffjacke in die Küche.

Georg folgte ihm und so hob er warnend seine Hand. »Komm mir nicht zu nahe!«

»Ach, komm schon.« Vergebens versuchte Georg möglichst freundlich oder aufmunternd zu wirken. »Wir haben ein wenig Spaß… Massier mich, mein Rücken ist total verspannt. Und dann warten wir, bis Kristin zurück kommt, vorher gebe ich dir das Geld und so haben alle was davon, dass du hier bist.«

»Ja, ganz besonders ich selbst, sollte man meinen, oder?«

Milos zog seinen schwarzen Koffer von der Gefriertruhe fort und stellte ihn aufrecht auf den Stuhl, über dessen Lehne seine Jacke hing. Kaum stand er fest, setzte Georg sich mit einem seltsamen Grinsen im Gesicht in Bewegung. Er ging ein wenig in die Hocke, so als würde er lauern und jeden Moment in alle Richtungen ausbrechen wollen.

Milos zog sich die Jacke über und kehrte Georg dabei den Rücken zumindest soweit zu, dass er ihn im Augenwinkel noch sehen konnte. »Lass das! Ich will das nicht!«

»Doch! Das ist Spaß.« Georg schoss rechts um den Tisch herum und wollte nach Milos greifen. Dieser zog seinen Arm jedoch zur Seite und drehte seinen Körper flink, so dass Georg an ihm vorbei ins Leere griff.

»Ich habe gesagt, du sollst das lassen!«, zischte er und überlegte sich, durch die Haupteingangstür vorne hinauszugehen sei die klügere Lösung. In Unterhosen würde Georg nicht hinterher laufen können.

Er bemühte sich, so schnell es ging, um den Tisch herum, durch das Schlafzimmer, dann durch Romans Zimmer in die Tenne und raus aus der Haustür zu gelangen. Doch sein Koffer stieß in der Eile gegen eine Türzarge, kam dabei hinter ihm ins wanken und so wurde sein Plan, aus dem Haus zu kommen, vereitelt.

Georg war ihm dicht auf den Fersen, packte seine Hand, zog ihn herum und drückte ihn an die verräterische Türzarge, die an Romans Zimmer grenzte. Ein Geruch von Frieden und Vertrautheit umhüllte Milos von dort aus und er hielt sich an dem Gedanken fest, dass er, wenn Roman jetzt in seinem Zimmer oder auf dem Bett sitzen würde, so wie sie es sonst immer getan hatten, in Sicherheit gewesen wäre.

Georg hielt Milos Handgelenke fest und drückte ihn mit seinem leicht bekleideten Körper an die Zarge. Aus einem kindlichen Grinsen, das in seinem Gesicht gewesen war, als er Jagen hatte spielen wollen, war ein gebrochenes Lächeln geworden. Er sah aus, als wüsste er nicht, was er tat. Er beugte seinen Kopf bedrohlich nahe zu Milos hinunter. »Du musst mit mir schlafen.«

Der Babysitter versuchte sich aus der Enge herauszuwinden und widersprach: »Das muss ich nicht.«

»Doch, du musst.«

»Ich muss gar nichts!«

Georg ließ Milos Hand los und griff fixierend unter dessen Gesicht. »Ich sage dir, warum du das tun musst.« Sein Atem vertrieb den Geruch, der aus Romans Zimmer gekommen war. »Weil das mit dir und mir etwas Besonderes ist.«

Während Georg weiter sprach, stieg Milos Puls. Er schluckte mehrmals und das Atmen fiel ihm zunehmend schwer.

»Es ist nicht meine Schuld, dass dies hier mit uns passiert.«

»Mit uns?« Milos versuchte vergebens, sich links herum fortzudrehen »Mit dir!«

»Du bist so schön.«

Der Ekel bohrte sich in Milos Rücken. Er war nicht mehr im Stande dazu, sich zu bewegen, bis sein verklärt aussehendes Gegenüber seinen Kiefergriff löste.

»Es ist … unser kleines Geheimnis.« Seine Hände strichen zart über die junge Haut an Milos Hals. »Solange du bei mir bist, kann dir nichts passieren. … Es ist etwas Gutes. Etwas besonders Gutes«, lächelte er abwesend. »Aber viele würden nicht verstehen, was uns verbindet. Deshalb muss es unser Geheimnis bleiben.«

Es kam Milos vor, als würde Georg durch ihn hindurch blicken und mit jemandem reden, der sehr weit entfernt war. »Ich weiß, dass du es bei den Nachbarn angedeutet hast, letzte Woche, als ihr im Garten gestanden habt. Kristin hat mir seltsame Fragen gestellt. … Das darfst du nicht wieder tun.«

Noch immer waren Milos Glieder stocksteif und er spürte Schmerzen vor Anspannung, als Georg ihm in den Schritt griff und anatmete. »Wenn du es verrätst, ist alles aus. … Geheimnisse sind dazu da, sie zu bewahren und zu beschützen. Koste es, was es wolle.«

Die Stimme kehrte in Miloss Hals zurück, als Georg kurz von ihm abließ. Sie war allerdings trocken und verschrammt: »Solche Geheimnisse kommen irgendwann von ganz allein heraus.«

»Nein, das können sie gar nicht, wenn man sie behütet und sorgsam mit ihnen umgeht. Niemand darf es erfahren, hörst du? … Denn wenn es so wäre, dann bekäme ich den Vertrag in der Klinik nicht, meine Familie würde zerbrechen, sie würden Roman von hier wegholen und ihn zurück auf die Straße treiben, von wo wir ihn aufgelesen haben. Er ist dein Freund. Willst du ihm das antun? … Wenn du es sagst, ist alles … einfach alles aus, hörst du?«

Bisher hatte Georgs Stimme etwas beinahe Singendes gehabt, jetzt jedoch verhärtete sie und er sprach deutlicher: »Dann muss ich handeln.«

Als hätte er es nicht bereits versucht, versuchte Milos sich Georgs Atem zu entziehen und presste seine Wirbelsäule gegen die Zarge. »Was willst du tun?«, schnaufte er in einem Anflug von Trotz, um nicht zu zeigen, dass er in den letzten Wochen zusehends an Stärke eingebüßt hatte. Er richtete sich auf und ließ Georg an seinem Hals riechen, damit er ihn nicht auf die Lippen küsste. »Willst du mir heimlich noch mehr Geld zustecken, damit ich meine Klappe halte? Ich stopfe es sowieso in den nächsten Gully. Willst du in eine andere Stadt ziehen, wenn ich es jemandem sage? Das Land verlassen?«

Mit einem Schmatzen lösten sich Georgs Lippen von der jungen, rosigen Haut und er sah seinem Babysitter blitzend ins Gesicht. »Ich werde deine Mutter umbringen. Mit einem Messer von hinten, wenn sie im Garten ist. Ich sehe sie häufig in ihren Blumenbeeten. Danach müssen alle Beteiligten sterben und ganz zum Schluss du und ich. Das ist eine Sache von einer halben Stunde. … Also musst du mit mir schlafen, so wie immer. Die Mächte sind klar verteilt. … Willst du diese Menschen wirklich alle auf dem Gewissen haben?«

In seiner Brust schien Milos Herz aufzuhören zu schlagen. Sein Wille befand sich in den Fängen einer Gottesanbeterin in Menschengestalt. Flucht war alles, an das er noch denken konnte.

Georg gab ein wenig nach und presste seine Anbeterhüften an die seines Opfers. Dann drückte er Milos Kopf hinunter und stöhnte: »Los! Wir haben nicht viel Zeit.«

Alles zog sich in Milos zusammen. Er spürte, wie sich Wut,

Angst, Trotz und Argwohn unter seinem Herzen miteinander verbündeten, um es als geballte Kraft wieder zum Leben zu erwecken. Etwas, das sich anfühlte wie ein Stromschlag, durchfuhr den jungen Körper und er winkelte ein Bein an, um sich abzustoßen und zum Angriff überzugehen. In seiner Kehle formte sich ein Schrei, der bebend aus ihm heraus trat und ihm die Kraft verlieh, seinen Kopf als Rammbock zu benutzen. Er preschte nach vorn, schlug Georg an die gegenüberliegende Zarge und rannte zurück in die Küche, um das Haus durch die Hintertür zu verlassen.

In dem Moment, da er die Tür aufriss, erschien ein überraschtes Gesicht vor ihm: Roman war zurück.

»Was machst du denn?«

Unfähig, irgendetwas zu erwidern, hielt Milos den Atem an und schwieg zwei Sekunden lang. Eine weitere Sekunde später kam Georg, allerdings in Jeans gekleidet, aus dem Schlafzimmer heraus und begrüßte Roman.

»Ach, du bist wieder da! Ich bin früher zurück gekommen und habe Milos gerade nach Hause schicken wollen.« Er kam mit unschuldiger Mine herangetreten und legte seinen Arm um Milos Schultern. Dieser ließ sich nichts anmerken und versuchte, sich zu beruhigen und möglichst flach zu atmen.

»Aber jetzt kann er ja noch eine Weile bleiben, oder?« Er wandte sich an seinen Babysitter. »Hast du Lust?« Mit einem freundlichen Gesicht legte er nun auch eine Hand auf Romans Schulter. »Vielleicht spielst du uns etwas auf deiner Gitarre vor. Hast du vielleicht mal wieder ein Lied geschrieben?«

Milos blieb stumm. Dann drehte sich Roman aus der halben Umarmung heraus, ließ die Tür offen stehen und schlüpfte an Georg vorbei. »Eigentlich wollte ich nur kurz was holen und dann zu Britta. Aber ich hab auf einmal saumäßigen Hunger.« Er zog Milos am Arm von Georg fort und nahm ihn mit zum Kühlschrank. »Hast du auch Hunger? Soll ich uns was zum

Essen machen?« Er öffnete den Kühlschrank. »Sieh mal: da sind Eier. Und Speck ist auch noch da.« Er wartete nicht auf Antwort, sondern holte einfach alles aus dem Kühlfach, was er brauchte, um für zwei Personen zu kochen, legte es auf die Arbeitsfläche daneben und machte den Herd an. Dann drehte er sich zu Georg herum. »Du hast wahrscheinlich schon gegessen, oder? Und das, was ich koche, isst du ja sowieso nicht. Geh ins Schlafzimmer und sieh dir irgendeinen Film an. Wir essen in meinem Zimmer. Ich muss Milos was erzählen.«

Georg schloss die zweigeteilte Hintertür und blieb einen Moment lang still davor stehen.

Im selben Moment, da Milos sagen wollte, er habe keinen Hunger, wolle stattdessen lieber mit Roman zu Britta gehen, erschien Scheinwerferlicht auf dem dunkel gewordenen Hof. Das Geräusch von geknautschtem Kies ertönte. Ein Wagen bog um die alten Stallungen.

Synchron drehten sich die drei den Lichtkegeln zu und Milos erkannte die Umrisse von Kristins Wagen. Kaum einen Moment später kam sie mit ihrem Bastkorb in der Hand zur Tür herein. »Oh, ihr seid alle hier?«

»Ich konnte früher gehen«, sagte Georg und verließ die Küche, um ins Wohnzimmer zu gehen. Kristin legte ihren Schal ab und warf ihn über eine Stuhllehne. »Roman, du bist ja auch hier. Das verwundert mich. Ich dachte, du bist bei deinem Freund.«

»War ich ja. Und ich hatte keinen Bock mehr, bei den anderen zu bleiben. Ich hau auch übrigens gleich wieder ab. Wollen nur kurz was essen, Milos und ich.« Mit diesen kurz gehaltenen Worten schlug er ein Ei auf und entließ es in die heißer werdende Pfanne.

»Du willst auch schon gehen, Milos? Du siehst so nach Aufbruch aus.«

»Ich schätze, wir essen erst etwas.« Er lehnte seinen schwarzen Gitarrenkoffer wieder aufrecht an die Gefriertruhe und bemerkte, dass seine Finger ihm wehtaten, so sehr hatte er sie bis jetzt um den Griff geschlossen.

»Das muss man sich einmal vorstellen«, begann Kristin zu berichten. »Da fahre ich los, organisiere extra dich zum Babysitten für Paul und als ich ankomme, bemerke ich, dass ich mich eigentlich erst für morgen mit den Mädels verabredet hatte. Blöd oder? Hast du morgen vielleicht auch Zeit, um herzukommen, Milos? Georg ist ja wieder nicht da und Roman treibt sich ja eher bei seiner neuen Freundin herum, als hier im Haushalt mal zu unterstützen und selbst auf seinen Bruder aufzupassen.«

Romans Bewegungen verstummten vor dem Herd und er sagte in die Pfanne hinein: »Ich will zu Britta. … Und Paul ist nicht mein Bruder.«

Kristin ging über seine Antwort hinweg und griff nach der bemalten Katze. »Oh, du hast sie fertig gemacht! Wie schön … nanu, was ist denn mit dem Barthaar? Eins ist ja ganz kraus.«

»Ich habe sie nicht ganz fertig bekommen und musste niesen. Ich mal sie dir noch eben fertig, wenn du willst.«

»Ach, lass mal«, winkte sie ab und stellte die Katze zurück auf den Tisch. »Kannst du morgen machen.«

»Morgen ist Milos mit mir verabredet. Er kann also nicht.« Roman drehte sich herum und verschränkte die Arme vor seiner kräftigen Brust. Im selben Moment kam Georg durch die Küche gelaufen und warf einen Kommentar ein: »Ich bin morgen auch nicht da. Dann musst du hier bleiben, Kristin.«

»Wie bitte?« Sie zog die Augenbrauen zusammen. »Sagt mal, da will man einmal raus aus diesem Haushalt und alle anderen tummeln sich irgendwo herum.«

Georg steckte seinen Kopf noch einmal aus der angrenzenden Schlafzimmertür. »Zwei mal diese Woche, um genau zu sein. Ich bin mit Hein verabredet.«

»Und wir sind bei Britta.« Roman widmete sich wieder der Pfanne.

»Ach, macht doch, was ihr wollt. Schönen Dank auch.« Mit diesen Worten verschwand Kristin auf der Toilette und Milos lehnte sich an den Kühlschrank, um Roman dabei zuzusehen, wie er den Speck briet. Dieser blickte kurz auf und schickte seinem Freund still ein aufmunterndes Lächeln zu.

Minuten später war auch der Speck fertig und Roman legte ihn auf zwei Teller neben die Spiegeleier. Er bat Milos an den Tisch, doch sie kamen nicht dazu, sich zu setzen, denn Kristin schoss aus dem Flur heraus und polterte los: »Wisst ihr was? Ich hab keinen Bock mehr darauf. Ständig muss ich hier sein. Jeden Tag dasselbe. Ich komme mir vor wie die Putzfrau vom Dienst, Vierundzwanzig-Stunden-Mutter, Köchin … ich hab die Schnauze gestrichen voll!«

»Ich kann mich selbst versorgen«, erwiderte Roman unbeeindruckt. »Meinetwegen musst du mir nichts kochen. Schmeckt eh nicht.«

»Ach, aber deine Unterhosen waschen darf ich, oder was?«

Er steckte sich einen Speckstreifen in den Mund und begann, schmatzend darauf herum zu kauen. »Wenn du nicht willst, musst du das ja nicht tun.«

»Kann Milos Bruder nicht herkommen und Babysitten?«, warf Georg auf seinem Weg zurück ins Wohnzimmer ein.

Milos Herz zog sich zusammen.

»Irgendjemand muss ja auf Paul aufpassen.« Georg blieb kurz stehen und sah seinen Babysitter fragend an. »Meinst du, dass du deinen Bruder hier her lotsen kannst?«

Von einem bösen Blick begleitet setze Milos zu einer Antwort an, doch Kristin fiel ihm ins Wort. »Roman kann auch mal hier bleiben. Letzten Endes hilft er eh zu wenig mit.«

Dann wandte sie sich direkt an Roman: »Deine Britta kann auch einen Abend lang auf dich verzichten.«

Dafür, dass es sich hier um eine Art Anweisung handelte, kam sie Milos zu bissig vor. Und Roman reagierte prompt: »Was geht dich an, worauf Britta verzichten kann und worauf nicht.« Er stand aufgestachelt vom Tisch auf und hielt seine Gabel drohend in Kristins Richtung.

»Was weiß ich, worauf sie verzichten kann oder will. Auf dich will sie offensichtlich nicht verzichten.«

»Das geht dich nichts an!« Er stach mit der Gabel in die Luft hinein.

»Doch! Denn wenn du nicht hier sein kannst, um mal mit anzupacken, dann geht es mich sehr wohl etwas an. Du musst eben auf deinen Bruder aufpassen.«

Roman lehnte sich nachdrücklich nach vorn. »Er ist nicht mein Bruder.«

»Ihr lebt beide in diesem Haus und habt jetzt uns als Eltern. Damit wird er sehr wohl zu deinem Bruder.«

»Das interessiert mich nicht.« Von einem Protestlaut begleitet, beugte sich Roman zur Seite und schob seinen Teller zur Mitte des Tisches.

»Umso schlimmer«, echauffierte sich Kristin, »dass du dauernd bei dieser Schlampe rumhängst.«

»Sie ist keine Schlampe!« Er schlug mit der flachen Hand auf den Tisch und beugte sich wie ein lauerndes Tier über das helle Holz. »Nimm das zurück!«

»Kein Stück!« Verächtlich schnaufend sortierte Kristin die Pinsel, die noch im Glas auf dem Tisch standen und tat so, als wäre sie für weitere Diskussionen unempfänglich.

Roman nahm ihr das Glas unter der Hand fort, stellte es laut neben seinem Teller ab und wiederholte, was er gesagt hatte. »Nimm das zurück!«

»Sie ist eine Schlampe und du bist so dumm, Roman. Sie

macht mit allen anderen rum, wenn du nicht da bist. Das weiß jeder und man sieht es ihr auch an. Ich kenne solche Mädchen nur zu gut.«

»Woher? Weil du selbst eine Schlampe bist, die alles anspringt, was sich ihr nähert, weil ihr Ehemann ein Schlappschwanz ist?«

Für einen Moment sah Kristin peinlich berührt zu Milos hinüber, doch Roman entließ sie nicht aus dem Gespräch. »Ein jämmerlicher, dreckiger Scheißtyp mit schmutzigen Geheimnissen. Ähnliche Geheimnisse, wie deine eigenen. Und was euch und eure Ehe angeht: Kümmert euch um eure eigene Scheiße. Ich mach hier gar nichts! Und bin froh, wenn ich nicht hier sein muss.«

»Ach, vielleicht wärst du gern wieder in der Gosse. Dann ist es aus mit einer Privatlehrerin, mit Schulbildung, mit einem heilen Dach über dem Kopf, mit all den Vorzügen, die diese Familie so mit sich gebracht hat.«

Ein abwertendes Lachen schallte durch die Küche und Roman nahm wieder Haltung an. Er zog die Nase hoch und spuckte seiner Pflegemutter über den Tisch hinweg zielsicher auf den Arm. »Genau«, verhöhnte er sie. »All der Luxus und all die kleinen Dinge, die sonst noch hinter vorgehaltener Hand laufen.«

Kristin wich angewidert zurück und schimpfte lauthals.

»Was ist?« wollte Roman wissen und grinste hämisch. »Du bist doch sonst nicht so, wenn ich dich anrotze.«

»Du Schwein!« schrie Kristin gedemütigt und griff zu dem zweiten Glas, in dem Milos noch vor einer Stunde die Pinsel gesäubert hatte. »Geh zu deiner Schlampe und rotz die voll, soviel du willst. Das ist mir scheißegal!«

Auch Roman erhob seine Stimme nun und plusterte sich auf. »Der Gedanke macht dich krank, oder? Ihr seid alle beide so was von krank!«

»Du bist hier der Kranke«, versetzte sie.

»Nein, dein Mann und du - ihr seit krank. Ihr kotzt mich an! Aber schiebt doch alles auf mich, den Jungen von der Straße. Jeden Tag feiert ihr euch dafür, dass ihr mich erlöst habt. Aber sein weißer Kittel ist dreckig und deine Schürze ebenso. Er ist ein Kinderficker und du bist eine Nutte!«

Kristin holte aus und warf das Glas auf ihren Pflegesohn. Es landete unsanft in seinem Gesicht. Er taumelte einen Moment, fing sich wieder, sah an sich herab und verwischte das schmutzige Wasser auf seinem Pullover. Gleich darauf bekam er Nasenbluten.

»Deine Mutter war eine Nutte und deine Schwester auch.« Kristin kniff die Augen zusammen, so dass nur Schlitze übrig blieben. »Und weil sie so dreckig waren, haben sie sich umgebracht. Alle beide! Du musst mit einer Schlampe zusammen sein, weil du nichts besseres verdienst. Du bist genau so dreckig!«

Georg kam hinzu und meinte, man solle aufhören, auf diese Weise zu streiten, immerhin würde ein Kind im Nebenraum schlafen, das Ganze sei sehr unschön. Doch Roman bellte ihn an: »Halt die Fresse!«

»Roman«, ermahnte sein Pflegevater ihn. »So geht das nicht!«

»Halt dein Maul!«

»Roman!« mahnte Georg ihn erneut.

Milos Freund hob langsam den Finger und wies auf Georgs Frau. »Sie soll es zurücknehmen, sonst passiert hier was!«

Milos, der die ganze Zeit über unsicher daneben gestanden hatte, wich einige Schritte zurück und wartete ebenso wie Georg auf Kristins Reaktion.

Sie schien einen kurzen Moment lang zu überlegte, doch von Wut getrieben, spuckte sie die unglaublichsten Unfreundlichkeiten aus. Während sie wetterte, mischte Georg sich schlichtend ein und zog damit die Wut seiner Ehefrau auf sich. In einigen Sätzen betitelte sie Roman mit »Zigeunerpack« und »Hurensohn«.

Milos wunderte sich, denn es schien plötzlich eine dämpfende Mauer zwischen dem nun streitenden Ehepaar und Roman hochgeschossen zu sein. Und es grenzte an ein Wunder, dass Paul noch schlief.

Roman ging vom Tisch zurück, atmete einmal tief ein und schien sich aus der Welle von Beschimpfungen zu entfernen. Er ging auf Milos zu, sah ihm fest in die Augen und schob ihn rückwärts ins Schlafzimmer.

»Das hier hat jetzt nichts mit dir zu tun. Und egal, was passiert, bitte bleib in diesem Raum, bis es vorbei ist.« Er wartete ab, bis sein Freund stumm genickt hatte, ging dann zurück in die Küche und schloss die Schlafzimmertür hinter sich.

Milos hörte, wie Roman sich wieder in die Diskussion einklinkte und von Kristin forderte, sie solle zurück nehmen, was sie gesagt hatte. Sie weigerte sich laut und dann zerbrach Geschirr. Einmal, zweimal, ein drittes Mal. Neben Milos stand der Schlafzimmerschrank und er betrachtete sich im Spiegel. Er ging auf sein Abbild zu und berührte dessen Gesicht mit der Rechten. Mit der Linken ahmte er Georgs Kiefergriff nach, während hinter ihm Geschrei zu hören war.

Er sah in sein kantiges Gesicht, dass in den letzten Monaten an Jugendlichkeit verloren hatte. Sie war leichten Augenringen und einfallenden Wangen gewichen.

Als ein lautes Geräusch folgte, das von einem zersplitternden Stuhl stammen musste, zog Milos sein T-Shirt langsam hoch und entblößte einen mageren Oberkörper, an dem man die Rippen zählen konnte. »Du bist so schön«, flüsterte er sich zu. »Noch immer viel zu schön.«

Weiteres zerbrach hinter der verschlossenen Tür und Milos

beobachtete die hin und her huschenden Schatten unter der Tür im Spiegel. Keramik zerschellte und unentwegt krachten Dinge gegen Wände.

»Schwach nach außen hin und immer noch zu schön«, flüsterte er und trat näher an den Spiegel heran. Er hielt sein T-Shirt jetzt mit beiden Händen hoch und drehte sich herum. Seine Wirbelsäule war mit jedem einzelnen Wirbel zu erkennen. Er sah sich fragend an. »Gehört das so? Bin ich ein Mensch?»

Paul schrie, er musste aufgewacht sein.

Roman tobte und Milos verhüllte sein Gerippe wieder. Er glaubte zwischen Geschrei, Gebrüll und wuchtenden Geräuschen, die von der Wand kamen, immer wieder zu hören, wie Georg Romans Namen rief. Mal erschrocken oder empört und mal ängstlich.

Blinder Wahn hallte durch das alte Bauernhaus. Einen Augenblick später rief Kristin panisch: »Mein Kind! Oh Gott, mein Kind!« Ihre Stimme verschwand und dafür wurde das Kinderschreien lauter.

Milos sah sich weiterhin fest in die Augen. »Gott …« Er ließ sein Shirt ganz fallen und legte seine Handflächen auf die, die vor ihm im Spiegel waren. »Gott? …«

Die Hintertür schlug auf und Georg rief nach seiner Frau. Auch seine Stimme verschwand kurz darauf

Milos hörte das Geräusch von Kies unter Füßen durch das Fenster ins Schlafzimmer herein dringen. Hinter der Tür tobte noch immer etwas, das sich in seinen Ohren anhörte wie ein Erdbeben oder ein brennender Komet. Und dann wurde es still. In der Küche, im Schlafzimmer, vor der Tür und in seinem Kopf.

Als er die Tür zur Küche öffnete, hätte ihn der Schlag treffen müssen, doch er trat hinein und sah sich still um.

Von der Wand gegenüber klafften ihm die Löcher von herausgerissenen Dübeln entgegen. Die Regale waren von der Wand gerissen und alles, was auf ihnen gestanden hatte, lag auf den Fliesen am Boden. Einige davon waren zertrümmert, weil schwere Dinge auf sie nieder gewuchtet worden waren.

Die Gefriertruhe lag auf der Seite, daneben quoll das Gefriergut aus ihr heraus. Gefrorenes Fleisch, Kartoffeln, Brot und Blattspinat ließen kalten Dampf von sich weichen.

Die Küchenkräuter, die auf der Fensterbank neben der Spüle gestanden hatten, lagen zwischen Scherben und ein Fleck, von nasser Erde stammend, breitete sich auf der Tapete aus.

Der Mülleimer, der unter der Spüle gewesen war, lag in der Tenne, daneben sein Inhalt.

Die Einbauküche war von der Wand gerissen worden und ganz ähnlich war es der Kühlschranktür ergangen. Sie lag im Flur zum Kinderzimmer hin.

Messer und Kochlöffel ragten aus den Trümmern wie wild wucherndes Strandgras, die Überreste vom Küchentisch sahen aus wie Rindenmulch und bunte Tupperware verlieh dem ganzen Bild ein paar Farbkleckse.

Die Hintertür hatte eine grobe Schramme im Lack und stand offen. Alles was heil geblieben war, waren Milos Gitarrenkoffer und ein Stuhl, auf dem Roman saß, das Gesicht in seinen Händen vergraben, als wolle er sich vor dem Anblick seines eigenen Schlachtfeldes bewahren. Er saß zusammengekauert und reglos da. Seine Haut war blass, er saß wie versteinert.

Das Einzige, was sich bewegte, war ein Rinnsal von Blut, das zwischen seinen Fingern herunter tropfte, so wie die Tränen einer trauernden Heiligenstatue. Es roch nach kaputten Dingen, lang vergessenem Staub und nach nasser Erde in der Küche.

Leise bahnten sich Milos Füße den Weg durch die Trümmer, um die Tür zu schließen, denn kalte Luft floss durch sie herein. Er zitterte ein wenig.

Als er sich herum drehte, war Roman noch immer wie von Gips. Vorsichtig ging Milos auf ihn zu.

Als habe er auf eine Berührung gewartet, die ihn erlöste, begann Roman laut zu schluchzen, als Milos Finger ihn vorsichtig am Arm berührten.

Über die bis eben erstarrte Statue zog ein Schauer und Roman begann zu weinen.

Unter seinen Fingern spürte Milos ein Beben im Oberkörper seines Freundes. Er ließ seine Hand darauf ruhen, weiter nichts.

Roman befreite sein verborgendes Gesicht, griff nach der Hand seines Freundes und schloss seine blutverschmierten Finger fest darum. Er schien trotz all der Traurigkeit stark erscheinen zu wollen und presste Milos Hand an seinen Körper, zog sie zu seinem Gesicht nach vorn. Er legte seine Wange darauf und ließ zu, dass seine Tränen auf sie hinunter rollten.

Sie brannten auf Milos Haut und zogen schlimme Narben darüber. Narben, die nicht sichtbar waren, wie so vieles in diesem Haus.

Im Stillen wiederholte Milos »Gott« und bat um die Kraft, dies ertragen zu können. Er ging um Roman herum und kniete sich vor ihm hin.

»Jetzt ist es aus«, schluchzte Roman. »Wenn das hier raus kommt, ist alles vorbei. Sie schicken mich zurück. Aber sie hat mich so beleidigt. … Sie hat mich beleidigt.«

»Ich weiß.«

»Das alles hätte sie nicht sagen dürfen.«

»Nein, das hätte sie nicht.«

»Sie hätte das nicht sagen dürfen!«

»Nein.« Milos zog seine Hand aus der seines besten Freundes und legte sie an dessen Arme.

Roman ließ sich nach vorn fallen und schien sich darauf zu

verlassen, dass sein Freund ihn auffing. Dieser musste einige Male schlucken, weil Roman ihm so nahe kam und schloss ihn schließlich so fest in seine Arme, wie es seine verbliebene Kraft zuließ. So saßen sie. Milos ins Leere starrend und Roman schluchzend.

Einige Minuten später hob Roman seinen Kopf von Milos nass geweinten T-Shirt und sah ihn mit Augen an, aus denen Wut und Vorbehalte herausgewaschen waren. »Ich weiß, was passiert ist, Milos. Ich weiß es. Und es ist meine Schuld.«

Romans Blick ging im Gesicht seines besten Freundes herum. »Es tut mir leid.«

Ein unangenehmes Gefühl machte sich auf, aus Milos Magengegend emporzusteigen. Er schämte sich und war zugleich gerührt. Natürlich traf Roman keine Schuld. Und er war nicht mehr allein. Er wusste nicht, ob er lachen oder weinen sollte und so tat er eben nichts, außer zu antworten: »Es ist nicht deine Schuld.«

»Doch!« protestierte Roman leise. »Ich habe ihn dazu gebracht, weil ich immer von hier weg gegangen bin. .. Aber ich konnte nicht … ich konnte nicht hier bleiben, verstehst du?«

Milos blickte betroffen zu Boden, doch Roman nahm den Kopf seines Freundes in beide Hände, damit Milos ihn ansah. »Ich habe das nicht ertragen.«

Sein Freund fühlte sich unwohl, weil sein Kopf in einem Zwang steckte, doch er ließ sich von dem Gedanken, dass Roman ihm nichts Böses wollte, begütigen.

»Er hat es mir gesagt. Er hat es mir gesagt beim letzten Mal und es tut mir leid.«

»Was hat er gesagt?«

»Dass du mich dafür hasst. Dass wir keine Freunde mehr sind, weil du mich dafür hasst.«

Tränen stiegen in Milos auf. »Das ist gelogen«, weinte er. »Er lügt, hörst du? Das ist nicht wahr!«

»Wenn ich hier weg muss, dann wirst du mit ihm allein sein.«

Im selben Moment, da Milos gewahr wurde, dass Roman sehr bald wirklich zurück gebracht werden würde und er sich in der Küche umsah, zwischen den Trümmern seine heil gebliebene Gitarre sah, sicher verstaut im Koffer, zur Seite gestellt und unangetastet, beschloss er, ebenso zur Tat schreiten zu wollen.

Roman hatte Georgs Küche, vielleicht den Hausfrieden zerstört, um seiner Wut Luft zu machen, aber Milos beschloss, Georg dieselbe Ehre zuteil werden zu lassen, die er ihm und seinem besten Freund hatte zuteil werden lassen.

Georg hatte gedroht, manipuliert, gelogen,…alles, um seinem erkranktem Trieb nachgehen zu können und seinem Walten freie Bahn zu schaffen und seine Welt heil bleiben zu lassen.

Doch wo war er jetzt, da sein Haus in Trümmern lag? Er war fort gelaufen.

Milos beschloss, Georgs Leben zu zerstören, wenn sie Roman von hier fort brachten.

»Ich nehme es mit ihm auf«, versprach er seinem Freund. Er wollte ihn beschützen, so wie Roman ihn beschützt hatte heute Abend. Er wollte sich revangieren. »Wenn du weg kommst, nehme ich es mit ihm auf.«

Doch Roman schüttelte den Kopf. »Er wird sich Verstärkung holen und ist zu schlau.«

»Er ist dumm, wenn ich ihn schwach mache.«

»Lass es. Bitte!« Roman wischte sich eine Träne von der Nase. »Geh weg von ihm. Lass ihn zurück. Solange er weiß, dass er in deiner Nähe sein kann, hat er Macht über dich.«

»Das hat er nicht!«

»Doch, das hat er. Sei nicht dumm.« Roman sah seine Freund nun ernster an, als Milos es ihm zugetraut hatte. »Wenn du weg gehst, ihn allein lässt, dann bekommt er Angst, dann lässt er dich in Ruhe. Ich hab es heraus gefunden. Bitte versprich mir, dass du ihn alleine lässt, Milos.«

Antworten konnte er seinem Freund jedoch nicht mehr, denn hinter ihm sprang die Tür auf.

Georg kam herein, zusammen mit einem Freund der Familie. Dieser war groß, kräftig und sah sehr wütend aus. Er befahl Milos schnaubend, nach Hause zu gehen und schlug seine Faust in die andere Hand. Milos sah zwischen ihm und Roman hin und her und drehte sich zu Roman herum.

Er nickte Milos durch seine müden Augen zu. Deshalb, und nur deshalb gehorchte Milos. Er zog seinen Rucksack unter den Holzsplittern heraus, nahm seinen Gitarrenkoffer und verließ das Haus, ohne sich umzudrehen.

Schuldgefühle sind furchtbar schwer zu ertragen. Sie fressen Unmegen von Energie.

Die gute Nachricht: Schuldgefühle haben einen korrigierenden Wert. Du kannst zeigen, dass du daraus gelernt hast und es beim nächsten Mal besser machen.

Schreibe eine Sache auf, für die du dich schuldig fühlst. Formuliere gleich danach, wie du sie beim nächsten Mal besser machen kannst oder ob du sie sogar abhaken kannst.

Eine weitere Sache, um die es in dieser Geschichte geht, ist, jemanden zu beschützen. So möchte Milos seine Familie beschützen und gerät in Bedrängnis. Kristin beschützt den kleinen Paul und läuft mit ihm fort. Und Roman wünscht sich seinen Freund Milos besser beschützt zu haben.

Mach eine Liste der Personen, die du beschützen möchtest oder verteidigen würdest. Wer ist dir wichtig? Beginne mit denen, für die du in die Bresche springen würdest.

Beschütze, wen du liebst.

Schwester Lills Werkzeugkittel

10

Ihr Weg in das Pflegeheim hinein, die langen Flure entlang bis zu Yorks Zimmer waren Yuen endlos vorgekommen. Es herrschte eine Stille in den Gängen, die sie der Betroffenheit oder den angeschlagenen Zuständen der Patienten zuordnete.

Nun, da sie auf der Bettkante ihres Ziehvaters saß, ihn mit stillem Blick betrachtete, fiel ihr schmerzlich auf, dass sie York nie zuvor mit so unbewegten Gesichtszügen gesehen hatte. Gerade sein Gesicht hatte ein farbenfrohes Minenspiel besessen. Sein Teint hatte jedoch jegliche Nuance verloren.

Er war blasser geworden seit ihrem letzten Besuch und seine Lider lagen schwer, um seinen Schlaf zu bedecken. Er sah nicht aus, als würde er ein harmloses Nickerchen am Nachmittag abhalten. Nach seinen Anwendungen wirkte er ausgemergelt und schwach und musste stundenlang schlafen, um sich davon zu erholen.

Die Erkenntnis darüber wurde auf erschütternde Weise bestärkt, als Yuen ihren Vater heute zum ersten Mal für alt befinden musste. Erst jetzt, da sie ihn mit Besorgnis betrachtete, fiel ihr ein, dass sie irgendwann – und sie wusste den Zeitpunkt nicht mehr – irgendwann aufgehört haben musste, ihn tatsächlich anzusehen.

Seine schönen Locken, um die sie ihn als Mädchen immer beneidet hatte, wurden von silbernem Glanz durchzogen, er hatte abgespannte Tränensäcke und aus den Fältchen um die Mundwinkel waren tiefe Falten geworden.

Wie aus heiterem Himmel ergriff Yuen der Schrecken darüber, wie alt York geworden war, und daher trieb es sie noch mehr an die Grenze zwischen Fürsorge und Mitleid.

Dass er seinen rechten Arm wieder bewegen konnte war gut, hielt sich Yuen in Gedanken vor, doch alles andere übermannte ihren Ansatz positiv zu denken. Sie legte ihre Hand zärtlich auf sein verhangenes Gesicht und wich mit ihrem Blick durch das Fenster von ihm fort.

York ans Bett gefesselt zu sehen fühlte sich für Yuen an wie York beinahe tot, war er doch zu jeder Zeit auf den Beinen gewesen, um irgendetwas zu erledigen; den Abwasch, die Pflege seiner großen Luxus-Fliesen, den Einkauf für die Familie, seine Liebe zum Beruf, einfach alles hatte ihn auf Trab gehalten und er hatte all das unter einen Hut gezaubert, um sich am Ende des Tages dann nach dieser Zaubervorstellung tief und lächelnd zu verbeugen. Er war ihr Mentor und Vorbild in Karrierefragen.

Sie rief nun ihren Blick zurück auf Yorks Gesicht und die Aufmerksamkeit zu ihren Sinnen im Hier und Jetzt.

Leise tastete sie nach dem frisch gespitzten Bleistift, den die Schwestern auf Yorks Schreibtablett gelegt hatten. Sie begann ein Spinnennetz auf das Notizblatt zu malen. Es wollte jedoch nicht ganz so gut zu den Motiven passen, die Yorks wiedererwachte Hand zittrig und unbeholfen aufs Papier gebracht hatte. Ihre freie Hand ging zu seiner.

Sie rieb das Graphit über das Papier, so dass es tiefe Spuren darauf hinterließ, so tief, dass das Blatt bald zu reißen drohte. Mit jedem Strich, den sie zog, hielt sie Yorks Hand fester und presste die Miene stärker auf das Blatt, bis sie einen Tränenschwall unterdrücken musste.

Die dunkle Spitze gab nach und schoss Graphitbruch über den bemalten Bogen, während Yuen die Beherrschung über ihre zeichnende Hand verlor. Kreuz und quer riss sie die gespaltene Miene über das Papier, bis es der Gewalt nachgab und sich schließlich zu einem kegelförmigen Riss vor der

Bleistiftspitze aufkrempelte.

Die junge Frau wusste nicht, wie ihr geschah, hatte sie doch selten die Kontrolle über sich oder einen einfachen Stift verloren.

Sie wünschte sich, einen bösen Traum zu haben und bald zu erwachen. Über das Traumgeschehen schaudernd und mit einer neuen Idee im Kopf, zu deren Ausführungen York seinen finalen Kommentar abgeben konnte.

Da sie nicht aufwachte, schien es ihr, als flohen selbst die nicht vorhandenen Ideen vor ihrer Entdeckung. Yuen wurde unsicher, ob es der Zustand ihres Ziehvaters war, der sie blockierte oder die Tatsache, dass sie ihn vor langer Zeit zu dem einzigen Menschen erkoren hatte, dessen ausgefeilte Meinung sie im Stande war anzunehmen. Eine gefährliche, zerbrechliche Entscheidung, die dem Lauf der Dinge unterlag, wie sie nun feststellen musste. Vielleicht war sie zukünftig gezwungen, jemand anderes zu fragen, und dieser Gedanke brachte die ersten Risse in das Herz, das für ihren geliebten Vater schlug.

Missbilligend zog sie das resignierte Papierstück zur Seite und wischte sich die Tränen aus den fein gezogenen Augenwinkeln. Dann atmete sie sich mit tiefem Zug zurück in die Fassung und heftete ihren Blick auf die Bettkante des Schlafenden.

Mit verzerrtem Gesicht, das um Erleichterung bat, knüllte sie das Papier unter ihrer Hand und fand auf dem darunter liegenden Blatt einige schief stehenden Worte, die York früher geschrieben haben musste:

Die kleinen Stunden

Ein Satz, der ihr ebenso abgebrochen vorkam, wie der Bleistift.

»Verdammte Zeit!« fluchte sie leise und dachte: Wie eine Kralle. Je mehr sie greift, desto stärker schmerzt sie.

Die zittrige Notiz, die sie gefunden hatte und ihr eigenes Machwerk landeten kurzerhand im Abfalleimer in Richtung Zimmertür. Nach dessen letztem Rascheln stand Yuen auf und strich ihr Kostüm sorgsam glatt. Mit einem weiteren kontrollierten Fingerstrich entlang ihrer schmalen Mandelaugen verließ sie das Zimmer und machte sich auf den Weg zur Stationsschwester.

Wenn sie schon keinen weiterführenden Rat von ihrem Ziehvater einholen konnte, hielt Schwester Lill sicher wenigstens das Neueste für sie parat.

Auf ihrem Weg durch den Flur vermied sie es, auf die billigen Gemälde lokaler Künstler zu sehen, selbst wenn sie einem förmlich ins Gesicht springen wollten. Stattdessen hielt sie Ausschau nach der rotschopfigen Schwester mit dem Katzengrinsen.

Die Raucherkabine und das Schwesternzimmer waren unbelebt und so flog Yuen durch die Station A, ohne auch nur darauf zu achten, wohin sie trat. In Gedanken machte sie sich darauf gefasst, sich anzuhören, dass sich gar nichts an Yorks Zustand geändert hatte und es daher kaum Hoffnung geben konnte, dass York je wieder zu sprechen begann.

Sie fing damit an, vorsorglich aufflammende Wut über Unabänderliches in sich zu beschwichtigen, auch wenn es ihr nur schwerlich gelang, denn ihr blind gestellter Schritt beschleunigte sich zusehends. So lief sie prompt in Schwester Lill und ein beladenes Tablett hinein.

Die Stationsleiterin, ihres Zeichens verzweifelt stürmische Angehörige der Patienten gewohnt, riss das Tablett gen Decke und drehte sich gekonnt aus Yuens Laufbahn.

»Uuh, nicht so hastig meine Liebe«, rief sie leise aus und ließ das Tablett unversehrt auf Taillenhöhe zum Stehen kommen. Die junge Chinesin blieb stehen und sah sich entschuldigend um.

»Gibt es einen besonderen Anlass für ihre Hatz?«

Erleichtert darüber, dass sie auf jemand Sprechenden traf, beruhigte Yuen ihr wütend pochendes Herz. »Ja«, sagte sie knapp, »ich habe Sie gesucht.«

Die Schwester stellte das Tablett in einem Wagen ab und bückte sich nach einer herunter gefallenen Serviette. »Aber ich habe doch bloß achtunddreißig Meter Station, auf denen ich mich herumtreiben könnte. Kein Grund, mit hundertzwanzig Sachen über die Flure zu laufen«, lächelte sie freundlich mahnend und legte die Serviette zu den anderen zurück auf den Tablettwagen. »Meine kleinen Patienten bekommen dann immer weniger wirksame Schmerzmittel zur Strafe.« Verholen lachend schob sie nach: »War ein Scherz. Ich gebe ihnen dann immer eine Spritze mit Fremdeiweiß. Die haut sie um. Was gibt es denn?«

Dankbar dafür und hoffend, einen weiteren Scherz entdeckt zu haben, lächelte Yuen den Linoliumboden an und rieb sich mit dem Zeigefinger über die Nase. »Ich wollte Sie fragen, wie es um meinen Vater steht.«

Die Schwester sah überlegend in die Luft.

»Sein Name ist Nils Ernesto Wilhelm York. Gibt es neue Ergebnisse? Ich habe gesehen, dass er malt und kritzelt. Ich brauche … »

»Kommen Sie erst einmal mit ins Schwesternzimmer.« Frau Lill legte einen Arm um Yuens schmale Schultern und schob sie in den besagten Raum hinein. »Atmen Sie vorerst tief durch und setzen Sie sich. Ich mache uns beiden einen Kaffee und dann bekommen Sie alles von mir zu hören, was Herrn Yorks Entwicklung betrifft. Einverstanden?«

Yuen setzte sich an den breiten weißen Tisch und sah sich ein wenig um. Alles wirkte klinisch rein. Ein gut bestückter, aber wohl sortierter Verbandskasten stand offen auf der Tischplatte. Der sterile Geruch war hier drin stärker als auf den Fluren oder in Yorks Zimmer. »Ich habe den ganzen Tag nichts anderes getan als …«

Die Heilkundige fuhr herum. »Als Kaffee zu trinken? Oh, das ist nicht gut fürs Herz. Lieber Tee?«

»… als durchzuatmen«, entgegnete Yuen mit brechender Stimme. »Ein Tee wäre mir ganz lieb.«

Schwester Lill kam von ihrem brodelnden Wasserkocher an den Tisch heran getreten und zog ein braunes Glasfläschchen aus ihrem weißen Kittel. »Ein paar Tropfen Glückshormone könnten auch nicht schaden, so wie ich das sehe.«

Abschätzend sah Yuen auf die Medizin und nickte beklommen. »Meinetwegen auch das. Wenn es hilft.«

»Aber sicher, meine Liebe. Fröhlichmacher halten immer, was sie versprechen. Sie werden schon sehen.«

In aller Ruhe wurde der Tee aufgegossen und Frau Lill träufelte einige Tropfen ihres Wundermittels in einen Becher hinein. »Es ist halb sieben. Zeit für ein Päuschen«, bemerkte sie mit dem Blick auf die grünliche Wanduhr. »Ich nehme auch ein wenig davon. Das macht munter!«

Nachdem sie auch den zweiten Becher mit Tropfen versehen hatte, kam sie an den Tisch und reichte Yuen den Tee. Ein vertrauter Geruch kam mit der Pflegerin zu Yuen an den Tisch. »Jasmintee?«

»Ja, richtig«, nickte Frau Lill. »Ich dachte, das würde vielleicht passen.«

Yuen sog ein wenig Wasserdampf ein und schloss für einen Moment die Augen. »Ich liebe Jasmin. Vielen Dank.«

»Mein erster Punkt für heute.« Mit schnippischem Gesicht schlürfte die Schwester an ihrem Heißgetränk und wartete ab, bis auch Yuen den ersten Schluck genommen hatte. Dann fragte sie: »Was bedrückt Sie also, außer, dass Herr York zu diesem Zeitpunkt bloß kleine sichtbare Fortschritte macht?«

Yuen stützte ihr Kinn auf die Hand, sie sah die Schwester an, dann von ihr fort und wieder zurück. Sie wusste keine Antwort.

»Für uns hier in der Klinik sind das ganz fulminante Erfolge, müssen Sie wissen. Wenn man allerdings gesund ist, dann sieht es, gelinde gesagt, eher mickrig aus, wenn sich zwei Finger auf und ab bewegen können. Einen Stift zu halten oder ihn sogar führen zu können, so wie ihr Vater, mag auch nicht aussehen, als würde sich wirklich etwas tun. Das verstehe ich sehr gut.«

Sie stellte ihren Becher neben dem Verbandskasten ab und wartete geduldig auf Yuens Reaktion.

Diese spürte, wie sich ihre Gefühle gegen das stemmen wollten, was die Schwester gesagt hatte, und wunderte sich sehr über das Wort *fulminant*.

»Wissen Sie«, setzte sie an, »sein Zustand ist allgemein nicht gerade das, was ich von meinem Vater kenne. Er war so lebhaft.« Sie setzte einen Moment lang aus, denn der Tränenspiegel in ihr hob sich unwillkürlich, doch sie trieb ihn in Gedanken wieder herab. »Das Bild, das ich von meinem Vater hatte, ist im wahrsten Sinne des Wortes niedergestreckt. Klar ist mir bewusst, dass er Fortschritte macht. Zu sehen, dass er allerdings unbeweglich bleibt, trifft mich dennoch. Ich bin sicher, dass es ihm nicht gut geht dabei. Haben Sie gesehen, dass er graue Haare bekommen hat?« Mit vorgebeugtem Oberkörper führte Yuen ihre verschränkten Hände in den Schoß.

Frau Lill blinzelte verwundert. »Ja, aber die hat er doch nicht über Nacht bekommen. Die waren schon da, als er einge…« Die Schwester stoppte ihren Satz und fuhr mit neuem Ansatz fort: »…zu uns kam. Wie sagt man noch? Das war schon so.«

Yuen lächelte mit einem Mundwinkel. »Mir kommt es nicht so vor.«

»Natürlich nicht. Diese Empfindung teilen Sie mit vielen Angehörigen. Man bemerkt erst, wie zerbrechlich Gesundheit und Jugend sein können, wenn man vor Augen geführt bekommt, wie hilfebedürftig ein Kind, ein geliebter Partner oder eben der eigene Vater werden kann. Aber Silberhaar ist doch nichts Ungesundes. Finden Sie es wirklich so bemerkenswert?«

»Es sieht alt aus« versetzte Yuen und erschrak selbst über den harschen Klang dieser Worte.

»Ihr Vater ist, mit Verlaub gesagt, auch nicht mehr der Jüngste. Allerdings finde ich, dass er für sein Alter sehr gut aussieht. Fit, adrett, nicht wirklich verlebt. Ein gut aussehender, reifer Mann. Daran ist nichts Wunderliches. Ihre Betroffenheit rührt wahrscheinlich von ganz anderer Seite. Ich denke, dass das Gefühl, ihm nicht helfen zu können, Ihnen zu schaffen macht. Aber das fühlt sich nur so an, weil Sie ihn nicht an die Hand nehmen können, um mit ihm nach Hause zu gehen.«

Sie legte ihre Hand in die Mitte des Tisches und beugte ihren großbusigen Oberkörper nach vorn. »Wir unterstützen ihn mit ausreichend Anwendungen und überwachen seinen Zustand. Und Sie sind jetzt dafür zuständig ihm beizustehen, so gut sie eben können. Wie stark seine Regenerationsfähigkeit ist, bleibt abzuwarten. Da er fit wirkt, erhoffen wir uns einiges. Und das können wir zwar fördern und begünstigen,...« Die Schwester zog das Fläschchen wieder aus dem Kittel hervor, »... ob er es schafft, hängt jedoch ganz von ihm ab.« Sie stellte es zwischen sich und Yuen auf den Schwesterntisch und lehnte sich noch einmal mit dem Gesicht nach vorn. »Geht es Ihnen schon besser? Die Tropfen wirken für gewöhnlich innerhalb weniger Minuten. Wie sieht es bei Ihnen aus?«

Yuen lauschte in sich hinein und versuchte die Wirkungsweise der Glückstropfen in ihrem Gemüt aufzuspüren. Schlecht ging es ihr nicht und statt bekümmerter waren nur noch klare Gedanken in ihrem Kopf. »Scheint so. Es geht mir schon etwas besser. Ich fühle mich nicht mehr bedrückt.«

»Sehen Sie, was ich meine? Es funktioniert, wenn man es zu glauben bereit ist. Und ich hoffe, Ihr gutes Gefühl bleibt erhalten, jetzt wo Sie es wieder erlangt haben.« Damit drehte die Schwester das Fläschchen herum und zeigte Yuen das Etikett, darauf stand: »Fruktose«

»Traubenzucker?« Yuen schaute erstaunt auf den Grund ihres Jasmintees.

»Glauben Sie denn, ich hau' hier Psychopharmaka in Ihren Tee? Ich mag meine Arbeit und will sie auch noch eine Weile ausüben. Aber geschadet haben Placebos noch nie, wenn's gut gemacht war.« Sie schob Yuen den flüssigen Traubenzucker entgegen und lehnte sich zufrieden auf ihrem Stuhl zurück. »Glauben Sie mir, erkrankte Patienten können unter Umständen ungeduldig werden. Das passiert allerdings eher bei jungem Volk. Ihr Vater ist geduldig und erfreut, wenn er Fortschritte macht. Was glauben Sie denn, wie erleichtert er sein muss, jetzt da er einen Weg gefunden hat, sich wieder auszudrücken? Ein einfacher Stift ist nun seine Sprache. Er ist trotz dieses Schlages sehr geduldig - mag an der Altersruhe liegen, ich weiß es nicht - er wird lediglich unruhig, wenn sein Stift nicht in Sichtweite ist. Für ihn bedeuten Papier und Schreibgerät nun, dass er mit seiner Umwelt in Kontakt treten kann. Zugegeben, ich persönlich würde logopädische Maßnahmen sehr empfehlen, allerdings ist sein Sprachzentrum stark beschädigt.«

»Liegt es vielleicht daran, dass er nur halbe Sätze oder einzelne Worte kritzelt?«

»Schreibt. Er schreibt. Tun sie es nicht ab«, wandte Schwester Lill mit hochgezogenem Kinn ein.

Yuen biss sich ungesehen auf die Zunge.

»Um Ihre Frage zu beantworten: Ich weiß es nicht. Er schreibt mitunter sehr undeutlich, manchmal wirkt es durcheinander. Weil er den Stift noch nicht in der Hand herumdrehen kann, ist es ihm nicht möglich, den Radiergummi zu benutzen. So viel Druck könnte er auch noch nicht auf die Hand ausüben. Daher wischt er über manche Worte und setzt neu an. Häufig kommen jedoch sehr wohl formulierte Dinge dabei heraus. Einen ganzen Satz zu schreiben, so wie er uns schnell von der Hand ginge, ist derzeit noch ungemein anstrengend für ihn.«

Ein paar Gedanken zu Yorks Zeichnungen und Halbsätzen schossen Yuen hinter dem hübschen Gesicht entlang. »Wie kommt es denn, dass er in Unterhaltungen, wenn ich es mal so nennen soll, nur stockend und gebrochen schreibt?« Die Schwester schenkte sich Tee nach. »Was meinen Sie mit gebrochen?«

»Nun, er schreibt keine korrekten Sätze. Manchmal lässt er Worte aus oder beendet seine Sätze nicht. So etwas wie ‚nicht esse‘ oder er zeigt auf sein Ja-Feld und schreibt dazu ‚Park‘ oder ‚Sonne‘, aber heute habe ich eine sauber formulierte Zeile gelesen. Es stand dort: Die kleinen Stunden.«

Frau Lill rührte mit einem Löffel in ihrem Tee herum und kräuselte nachdenklich die Lippen. Ihr Blick wanderte dabei von Yuen auf den Schwesternschrank und wieder zurück. »Es kann sich dabei um Folgendes handeln: Wenn er sich mit Ihnen unterhält, sich also in einer interpersonellen Kommunikationssituation befindet, dann muss er spontan handeln und eine Reaktion in seinem Kopf kreieren. Bei diesen Sätzen jedoch ist er ganz mit sich allein. Dabei könnte es sich um etwas handeln, das fest in seinem Gedächtnis verankert ist. Wie zum Beispiel ein Gedicht, das man in Schulzeiten auswendig gelernt hat und mit Lampenfieber vor der Klasse gestanden hat. Wenn es daher rührt, dann ist es ein gutes Zeichen, weil wir dann sicher sein können, dass einige Areale seines Erinnerungsvermögens unbeschädigt geblieben sind. Das ist eine gute Nachricht. Diese Sätze sind somit …«

»Wieso Sätze?« Yuen war erstaunt. »Ich habe nur diesen einen gelesen. Und ich muss zu meiner Schande gestehen, dass ich ihn weggeworfen habe.«

»Was? Um Himmels Willen!«, schoss die Schwester wieder

nach vorn. »Warum das denn?«

»Nun, es liegen immer nur neu beschriebene Blätter auf seinem Tisch. Ich dachte, alles andere würde entsorgt werden.«

»Selbstverständlich nicht. Ich musste ihm versprechen, alles aufzubewahren. Gehen Sie doch bitte nicht so unsorgsam mit dem um, was Ihr Vater mitteilt. Es scheint für ihn von enormer Wichtigkeit zu sein.«

Damit ging die Schwester zu ihrem Schrank und zog einen offenen Karton hervor, in dem eine Menge Zettel lagen.

Mit schlechtem Gewissen griff sich Yuen das oberste Blatt und las laut vor: »Der Moment war uns gegeben, wir haben ihn jedoch verloren.« Dabei tippte sie sich mit dem Mittelfinger auf ihre Narbe am Ohr und dachte nach.

Die Stationsschwester hob einen Stapel Papier aus dem Karton und blätterte andächtig darin herum. Einige Bögen wiesen gewellte Flecken auf oder sie waren an einer Kante abgerissen.

»Ich habe alles so gut nach Datum sortiert, wie es eben ging«, gab sie pflichtbewusst an. »Das Datum habe ich jeweil auf die Rückseite geschrieben. Sie sollten alles mitnehmen. Vielleicht lernen Sie so mehr über Ihren Vater. Es ist ja möglich, dass er ein Gedicht vermisst und Sie könnten es ihm mitbringen und vorlesen. Ein so positiver Moment bewirkt mitunter Wunder.« Sie legte die Blätter sorgsam zurück in den Karton und schob ihn der verwunderten Tochter entgegen.

Dann nahm sie ihren Traubenzucker hoch und hielt das Fläschchen siegessicher neben ihr freundliches Gesicht. »In der Zwischenzeit bekommt er ein paar Glückshormone von mir verabreicht. Traubenzucker geht immerhin sofort ins Blut und erhöht das Denkvermögen. Vielleicht verkennen die Ärzte den Heilungsprozess als solchen. Ich denke ja, dass einige bewährte Hausmittel immer für zusätzliche Hilfe sorgen.«

Yuen lachte heute zum ersten Mal. »Wenn's gut gemacht ist

und denn hilft.«

»Nehmen Sie die Notizen mit nach Hause und finden Sie heraus, welche Wichtigkeiten Ihr Vater durch das Handgelenk fließen lässt.«

Yuen nahm sich ein leeres Blatt Papier und begann eine Nachricht für York zu schreiben, während Schwester Lill sie auf den neuesten Stand der anstehenden medizinischen Maßnahmen brachte.

»In seinen Wachperioden zwingen wir Ihren Vater zum Gebrauch der anderen Hand, um krankheitsbedingte Anpassungsphänomene zu verhindern. Das nennt man den ‘erlernten Nichtgebrauch‘. Sie regt sich inzwischen. Zumindest ein wenig, fast nicht sichtbar, nur heben kann er sie noch nicht. Konnte er den Stift bisher mit der Hand anpeilen, so kann er ihn mittlerweile greifen und für eine gewisse Zeit halten. Die Ergotherapie fördert also die schrittweise Wiederherstellung seiner sensomotorischen Fähigkeiten. Wenn diese wieder laufen, wird mit der Physiotherapie begonnen, um eventuell seine Gehfähigkeit wieder herzustellen. Je nachdem, wie ihr Vater sich macht, kann früher oder später damit begonnen werden.

Logopädie kann erst wieder angesetzt werden, wenn sich seine Sprechorgane lockern und sein Gehirn das Sprechen sozusagen wieder freigibt. Vorher ist jedoch wichtig, dass er wieder lernt zu schlucken und dies auch klar steuern kann. Er verschluckt sich noch sehr häufig.« Sie kehrte aus ihrem Referat zurück ins Schwesternzimmer und sah Yuen über die Schulter. »Schreiben Sie mit?«

»Nein, ich schreibe ihm eine Nachricht«, erklärte Yuen, ohne vom Blatt aufzusehen. »Die werde ich ihm auf die Schreibunterlage legen, damit er sie beim Aufwachen sehen kann. Oder würden Sie …?« Sie reichte Schwester Lill bittend ihre Schrift.

»Aber natürlich. Darüber wird er sich freuen.«

Yuen erhob sich und bedankte sich bei der Schwester für den Tee.

»Warten Sie, ich gebe Ihnen eine Tüte mit auf den Weg für die Notizen«, hielt Frau Lill sie im Gehen auf. »Leider fehlt der Deckel des Kartons. Draußen ist es doch so windig.«

Sie griff tief in ihre Kitteltasche und holte einen Leinenbeutel daraus hervor. »Hier«, sagte sie präsentierend. »Besser als jede Tüte. 'nen schönen Jutesack!«

Sie half Yuen, den Karton sicher zu umhüllen und steckte die Nachricht für York in ihre Kitteltasche.

»Kommen Sie gut nach Hause und versuchen Sie, ihre Gedanken zu sortieren, jetzt da der Traubenzucker für den ersten Durchblick gesorgt hat. Ich habe das Gefühl, Sie brauchen einen kühlen Kopf für eine wichtige Sache.«

Yuen knotete den Beutel zu und hob das verschnürte Paket vom Tisch. »Danke, das werde ich. Aber woher wissen Sie das? Ich bin in der Tat etwas angespannt, weil etwas Wichtiges ansteht.«

Die Stationsschwester steckte ihren Fäuste in den Kittel und klimperte mit etwas Metallischem darin herum. »Das gehört zu meinem Handwerk. Ich beobachte ja nicht bloß, ob meine Fruktoselösung ihre Scheinwirkung entfaltet.«

»Da bin ich sicher«, lächelte Yuen freundlich und verabschiedete sich.

»Wenn sich Veränderungen einstellen, werden wir Sie anrufen«, rief die Schwester den Flur hinunter hinter Yuen her. Diese drehte sich noch einmal herum, um die Stationstür mit ihrem Po aufzudrücken, und hob ihr Kinn zustimmend.

Als es ihr nicht gelingen wollte, die schwere Tür zu bewegen, drückte Schwester Lill einen Knopf neben sich an der Wand, um die Tür automatisch zu öffnen.

Yuen verließ die Klinik.

Nachdem sie außer Sichtweite war, gab die zurückgelassene Stationsleiterin ihrer Neugier nach. Sie zückte die Notiz und las:

Lieber York,

Ich bin hier gewesen, während du dich ausgeruht hast. Hast friedlich ausgesehen.

Die Schwester sagte, du machst gute Fortschritte. Weiter so!

Sie hat mir deine Notizen gezeigt und mit gegeben.

Ich bin sicher, ich finde das Gedicht in deiner Bibliothek, um es dir vorzulesen,

(wenn es denn eines ist.)

Kuss, deine Yuen«

Mit wissender Miene faltete die Schwester den Zettel wieder zusammen und steckte ihn in zu den metallischen Dingen in ihre Kitteltasche. Dann klopfte sie dreimal darauf und sagte leise: »Bis die Kleine herausgefunden hat, worum es sich tatsächlich handelt, bleibst du hier drin. Der Lesestoff war besser als das schönste Liebesgedicht. Wer weiß, ob du nicht nur für Unruhe sorgen würdest. Ich muss mich schließlich um das Wohl des Patienten bemühen. Du bleibst erst einmal schön dort, wo du jetzt bist.«

Damit ging sie den Flur hinunter zurück zu dem Tablettwagen, den sie vorhin allein gelassen hatte.

Hast du auch schon einmal etwas für den richtigen Moment aufgehoben und gut weggelegt, so wie Schwester Lill?
In dieser Geschichte geschieht es in weiser Voraussicht. Die Dinge, die wir uns für besondere Momente aufheben, geraten jedoch häufig in Vergessenheit.

Notiere diesmal nichts. Wenn du einen solchen Gegenstand hast, den du wie einen Schatz behütest, geh jetzt zu ihm und benutze ihn.
  Wir hören es ungern, aber die Wahrheit ist: Morgen kann alles vorbei sein. Für was ist er dann noch gut? Nutze den Moment und genieße, was du dir bisher verkniffen hast. Tu es ganz bewusst. Denn jetzt ist der richtige Moment, da du am Leben bist.

Nutze den Moment

Rabenvögel

11

Perre und Furuk waren bereits seit heute Nachmittag über das Volksfest hinweg geflogen, hatten hier und da Rast gemacht, sich die Menschen angeschaut und sich zankend auf Essensreste gestürzt, die von Menschen achtlos auf den Boden geworfen worden waren. Das meiste, was sie dabei ergattern konnten – und die beiden Elstern waren dank ihrer Größe erfolgreich darin, freche Spatzen zu verjagen – war ungewöhnlich stark gesalzen, sodass Perre seit einer Weile jammerte, er hätte unglaublichen Durst.

»Lass uns zur Klosterinsel, da haben wir unsere Ruhe und können trinken«, krächzte er Furuk von hinten an.

Furuk – seines Zeichens etwas größer und kräftiger als sein Freund Perre – setzte zum Landeflug auf einem Ahorn an.

Die Sonne war im Begriff zu sinken. Trotzdem wurde der Platz, an dessen Rand der Ahorn stand, von den vielen Lichtern der Menschen erleuchtet als wäre noch helllichter Tag.

»Wir können jetzt noch nicht zur Wasserstelle«, antwortete Furuk, als er flatternd auf einem wippenden Ast landete, der unter seinem Gewicht nachgab. Er musste noch einmal nachgreifen. »Die Krähen sind jetzt dort. Wenn du was trinken willst, dann trink aus dem Brunnen dort drüben.« Er wies mit seinem dunklen, schimmernden Schnabel in eine Richtung und beäugte danach einen Menschen, der unter ihnen auf einer Wurst herum kaute. Vielleicht konnte er ein wenig davon abbekommen, er musste ihn nur im Auge behalten.

Während Furuk sein Objekt der Begierte nicht aus den Augen lies, wippte Perre auf seinem Ast auf und nieder und krähte seinen Freund schließlich flügelschlagend an: »Du weißt genau, dass wir nicht aus dem Brunnen trinken. Das Wasser ist alt und bitter. Es fließt zwar, aber es ist immer dasselbe, was aus dem Stierkopf austritt. Die Spatzen kacken da rein. Und die Tauben auch. Das trinke ich im Leben nicht.« Er begann seinen Schnabel am Ast zu wetzen und brummte dabei beleidigt aus seinen Nasenlöchern heraus.

Wie erhofft, ließ der Mensch mit der Bratwurst ein köstlich aussehendes Stück derselben mitsamt eines Restes Brot zu Boden fallen und ging unbekümmert in die feiernde Menge hinein. Darauf hatte Furuk gewartet.

Ein Spatzenpärchen hatte ebenso auf die Wurst gegiert. Doch sie konnten gerade noch ein klitzekleines Stückchen erwischen, bevor Furuk laut krächzend neben ihnen landete, ihnen das Wurstende entriss und sie mit den Flügeln schlug. »Ihr Dreckspatzen könnt das Brot essen«, rief er verächtlich aus und flappte mit den Flügeln, dass sie es ja nicht wagten näherzukommen.

Das Weibchen war empört, weil es eine volle Breitseite von Furuks Flügelschlag abbekommen hatte und hopste mutig auf ihn zu. »Das ist voller Senf, pick du es doch auf.«

»Senf macht doof!«, piepte ihr Mann und hob seinen Schwanz um der Elster seinen Bürzel zu zeigen. Eine äußerst rüde Geste unter Vögeln.

»Der hat schon ganz viel Senf gegessen«, schob das Weibchen provokant nach und pickte ein Steinchen auf. Damit flogen sie auf den Ahorn und ließen das Steinchen zielsicher von oben auf den Ketchupfleck des Wurstendes fallen.

Wütend und mit vollem Schnabel schimpfte Furuk aufwärts. »Macht, das ihr weg kommt! Schmutziges Gesinde!«

Die Spatzen flogen spottend davon.

»Furuk! Furuk!«, rief ihm Perre von seinem Ast aus zu. »Komm mal rauf. Dort drüben zieht sich einer aus.«

»Was?« Furuk würgte das Wurstende fluchs hinunter und flatterte dann schnell zu Perre hinauf, der aufgeregt auf seinem Ast hin und her hüpfte.

»Wo zieht sich einer aus?« Er blickte suchend in die Menge.

Die Elstern waren immer sehr aufgebracht, wenn sich ein Mensch entblößte. Sie fanden es erstaunlich, wie man ohne alles am Körper überleben konnte. Gleichzeitig amüsierten sie sich jedes Mal köstlich, wenn bei Männern mehr als nur das Oberteil zu Fall kam. In so einer Menschenmenge war es jedoch höchst ungewöhnlich, dass sich jemand ganz nackt auszog.

Unweit von ihnen stand ein Mann, der beschwingt sein Oberteil mit der rechten Hand durch die Luft fliegen ließ. Ein paar andere Menschen feuerten ihn pfeifend und johlend an, weiter zu machen.

Auch die zwei Elstern begannen krähend mit einzustimmen. Und es schien zu wirken.

Der Halbnackte löste seine Gürtelschnalle und ließ tänzelnd seine Unterhose blicken. Wieder wurde er angefeuert.

»Die Hose auch!«, krächzte Furuk und riss aufgeregt den Schnabel auf. Die Zurufe überschlugen sich. »Zeig uns deinen Regenwurm! Der sieht bestimmt lächerlich aus!«

»Die sehen immer aus wie tote Würmer!«, lachte Perre und entdeckte, dass noch Ketchup an Furuks aufgerissenem Schnabel, klebte. »Du hast da noch was von dem roten Zeug«, bemerkte er. »Sieht auch nicht schön aus.«

Der Halbnackte zog seine Hose grinsend wieder hoch und schloss den Gürtel, als habe er die Elstern verstanden.

Perre fand, dass der Mann ganz gut aussah, weil er sehr durchtrainiert war. Dort wo Federn sein sollten, hatten Menschen immer große Muskeln – die mitunter wiederum ganz hübsch anzusehen waren, dachte die schmächtige Elster. Sein Freund Furuk sah auch besser aus, weil er viel muskulöser war, als Perre selbst.

Der Halbnackte auf dem Volksfest schien nicht allein zu sein. Die Jubelnden waren ein weiterer, weitaus jüngerer Mann mit hellem Kopffell und zwei Frauen.

Beide Frauen trugen weiße Kleidung, was es für die Elstern schwer machte, sie zu unterscheiden. Allerdings hatte eine von ihnen einen Knoten in ihrem Kopffell, die andere nicht.

Der Blonde und die beiden Frauen gingen auf den Halbnackten zu und die Elstern beobachteten, dass die Menschen zusammenkamen, um mit geöffnetem Mund laut zu lachen.

Furuk amüsierte ich noch immer köstlich über den freien Oberkörper und war einige Zweige vorgehopst, um alles genauer betrachten zu können.

Die kleine Gruppe Menschen bekam weiteren Zuwachs, denn ein junger Mann mit Fell, das ihm bis in die Augen hinunter reichte, ging auf sie zu. Hinter ihm etwa acht junge Männer. Beide Menschengruppen durchmischten sich, wobei der Halbnackte den jungen Männern zunächst aufmerksam zuzuhören, zwischendurch zu lachen schien und dann mit seinen Armen durch die Luft wirbelte, als würde er den jüngeren irgendwas Aufregendes erklären. Oder er zählte sie durch. Es musste eine Schulgruppe sein, dachte Perre, und fand es nicht schlecht, wie Menschen organisiert waren, denn bei so vielen Artgenossen in einem Schwarm war es nicht unklug, den eigenen Clan aufeinander abzustimmen und durchzuzählen.

Während Perre an Furuks Seite flatterte, zog der halbnackte Anführer seine gestreifte Kleidung wieder an. Er musste der Anführer sein, denn er sah am Stärksten aus und die jungen Menschen hörten ihm aufmerksam zu, auch wenn sie hier und da tuschelten und sich gegenseitig anfeixten.

Perre sah, wie sich der Blonde und die Frau mit Knoten nach einer Weile aus dem Menschenauflauf lösten. Die Frau ohne Knoten blieb in der Schulgruppe und schien die Umgebung zu überwachen. Sie sah sich mehrmals abschätzend in der Menge um. Als die anderen zurück kamen, trugen sie einen großen grünen und zwei kleinere klirrende Behälter vor sich her. Menschen tranken nicht aus Flüssen oder Brunnen. Sie hatten Behälter, aus denen sie sich Portionen in kleinere füllten, um diese zu ihrem Mund zu führen. Unpraktisch, wie Perre fand, und zeitaufwändig.

Der Inhalt des grünen Behälters wurde von der Frau mit Knoten in die kleineren Behälter gegossen. Auf dem Wein tanzte der Schein der ringsum stehenden Lichter.

Die beiden Elstern sahen verliebt auf den schimmernden Glanz, den der Blonde und die Frau mit Knoten nun in Händen hielten. Sie waren eben waschechte Elstern mit einer Schwäche für Schätze aller Art. Das machte sie zu einer überdurchschnittlich reichen und daher angesehenen Sippe unter den Rabenvögeln.

Plötzlich stockten Perre und Furuk in ihrem Amüsement, denn etwas Seltsames schien in der Menschengruppe vor sich zu gehen. Einer der jungen Männer, bedeutend größer als der Anführer, hatte sich mit verzogenem Gesicht über den Anführer erhoben und sah drohend aus. Die Frau ohne Knoten zog den Anführer von den jungen Männern weg, doch er schien die Herausforderung des jungen Großen anzunehmen, denn er schritt entschlossen wieder auf ihn zu. Die Elstern rührten sich nicht auf ihren Ästen, weil die beiden menschlichen Streithähne lauter wurden.

»Unzivilisiert!«, sagte Perre.

»Wenn mich ein Junges auffordern würde, würde ich nicht lange fackeln. Da gibt's was mit dem Schnabel«, entgegnete sein Freund hob seinen seinem. »Ungefähr so«, schob Furuk nach und hackte zwischen den Zehen seines Freundes in den Ast.

Die kleinere Elster sprang erschrocken zur Seite und klappte zustimmend mit ihrem Schnabel. »Recht hast du, Furuk!«

»Die nehmen doch ihre Arme, um zu kämpfen«, erinnerte sich die große Elster und tatsächlich schoss im selben Moment, als er es aussprach die eine Hand des Anführers auf das Gesicht des jungen Großen zu. Dieser konnte nicht rechtzeitig ausweichen und hielt sich Nase und Mund. Zwischen seinen Fingern rann ein wenig Blut heraus.

Sofort stürzten sich die anderen jungen Männer auf den Anführer, als hätten sie darauf gewartet, einzugreifen.

Die Frau ohne Knoten zog den Anführer am Arm aus der Menge und schleuderte ihn einige Meter von den Jungen fort. Diese zogen sofort nach und trieben den Anführer vor sich her.

»Eine Meuterei!«, rief Perre aufgebracht aus. »Die greifen den Ältesten an.«

»Vielleicht ist er alt und schwach«, entgegnete Furuk gebannt.

»Der ist nicht schwach. Das hat man doch gesehen.«

»Ja, aber die anderen sind größer«, wandte Furuk ein. »Also, ich würde Rivalenkämpfe nie in der Dämmerung ausfechten. Man übersieht dabei zu viel. Immer nur bei Tageslicht!«

Perre sah Blut an der Hand des Anführers hinab schießen. »Er ist verletzt. Sie haben ihn verletzt. Das war's mit seinem Rang! Bei so viel Blut, kann man sich nur schwer durchsetzen, denke ich«, krächzte er Furuk auf den Kopf zu.

Plötzlich reichte der Blonde der Frau mit Knoten sein glitzerndes Behältnis und lief in die aufgebrachte Meute. Doch bevor er nahe genug herangegangen war, kam ein dunkler Mann von Ungefähr hinzu und verteidigte den Anführer. Das war verwunderlich, offenbar auch für alle Beteiligten, denn er war im Halbdunkel kaum zu sehen und schien aus dem Nichts zu kommen.

Die anderen Jungen, die eben noch unaufhaltsam mit ihrer Größe und ihren Stimmen gedroht hatten, schossen eingeschüchtert zur Seite. Nur einer nicht. Der mit dem Fell in den Augen ging zu dem Dunklen und schien etwas Begütigendes zu sagen, denn seine Körperhaltung sah auf einmal unterwürfig aus. Trotz seiner Größe. Doch der Dunkle ließ sich davon nicht beeindrucken. Er war nicht besonders groß und sah auch nicht sehr stark aus, aber er hatte einen aggressiven Blick und sprang behände von einem Bein aufs andere. Vielleicht kam er gerade von einem anderen Kampf und war noch aufgebracht.

Furuk kannten das, denn wenn das Blut erst einmal kochte, war er nicht zu halten, um jedem Anwesenden seinen Standpunkt klarzumachen.

Ebenso schien es dem Dunklen zu ergehen. Er nahm den unterwürfigen Fellkopf in beide Hände und schleuderte ihn gegen ein Fahrzeug, das in der Nähe stand. Der Fellkopf blieb ohne Bewusstsein liegen.

Sofort rannte der Dunkle auf und davon und der Blonde und die Frau ohne Knoten rannten auf den blutenden Anführer zu um ihn zu schützen. Doch das mussten sie gar nicht mehr, denn die Jungen waren offenbar eingeschüchtert genug. Außerdem kamen von allen Seiten die grünen Wächter. Sie schienen die Menschen zu überwachen und die einzigen zu sein, die den Anführern Verweise erteilen durften.

Als Perre sah, wie die Frau mit Knoten beide Glitzerbehälter nacheinander gelehrt hatte und sich nun schüttelte, fiel ihm wieder ein, wie durstig er war.

»Furuk. Es ist spät genug. Komm, ich muss wirklich etwas trinken. Lass uns abhauen. Jetzt, wo die grünen Wächter da sind, ist eh alles vorbei.«

Furuk löste seinen Blick aus dem Menschentreiben und gab einen zustimmenden Laut von sich. Er sah abschätzend in den Himmel. Die ersten Sterne waren bereits zu sehen, was bedeutete, dass die beiden getrost zur Wasserstelle fliegen konnten. Es war ja nicht so, dass es keine anderen Stellen gab, um zu trinken, aber die Klosterinsel bot das frischeste Wasser. Es gab klar geregelte Rangordnungen, die bestimmten, wann welche Vögel dort trinken durften. Nur die Jungen waren von diesen Regelungen ausgenommen. Da die beiden Elstern allerdings längst keine Jungen mehr waren, hatten sie sich an die Rangordnungen, die für die Klosterinsel galten, zu halten.

Im Flug rief Perre seinem Begleiter zu: »Menschen sind zwar immer strukturiert und ich dachte auch, dass ihre Ränge klar verteilt wären, aber dass es noch Rivalenkämpfe gibt, dass habe ich noch nie erlebt. Du vielleicht?«

»Nein«, sagte sein Begleiter mit eingerosteter Stimme.

Sie flogen auf die Klosterinsel zu. »Es eben schien ein primitiver Rivalenkampf gewesen zu sein.«

»Hast du gehört, worum es ging?«, wollte Perre wissen.

»Nein«, antwortete Furuk und setzte zum Landeanflug an. »Aber das hat man doch gesehen. Es ging eindeutig um den Platz. Vielleicht durfte eine der Gruppen nicht mehr dort sein. Ach, ich hasse es, dass wir im Dunkeln trinken müssen. Man sieht selbst unsere weißen Federn nicht mehr. Wie sollen wir da richtig landen?«

»Dort vorn ist doch das Menschenlicht«, rief Perre und sie flogen auf die gusseiserne Laterne zu.

Die Klosterinsel lag abseits vom Volksfest und war daher vergleichsweise ruhig.

Im Näherkommen entdeckten die beiden Elstern eine Krähe im Schein der Laterne.

Sie landeten und hopsten vorsichtig auf die Krähe zu.

Furuk rief ihr vorlaut entgegen. »Hast du Junge dabei?«

Die Krähe drehte sich den Elstern zu und lachte krächzend. Es war ein Krähen-Männchen und ein großes dazu, dass geschäftig im Boden herum stocherte als hätte es etwas Wertvolles oder Schmackhaftes ausgraben wollen. »Sehe ich aus, als würde ich Junge durch die Nacht begleiten?«, fragte die Krähe unbeeindruckt. Ihre Augen funkelten im Schein der Laterne.

»Die Sterne sind schon zu sehen«, entgegnete Furuk. »Ihr

habt hier nichts mehr verloren. Wir sind jetzt an der Wasserstelle.«

Einige andere Elstern flatterten die Klosterinsel an und begannen hastig Wasser in die Schnäbel aufzunehmen. Auch sie hatten die verdreckten Wasserstellen gemieden und auf den Sternenaufgang gewartet. Die ankommenden Elstern beachteten die Krähe nicht. Sie tranken einfach, um bald wieder fortzufliegen.

Furuk allerdings war nicht sehr erfreut über die Anwesenheit eines anderen Rabenvogels zu dieser Zeit.

Die Krähe spreizte indes ihr Gefieder und stocherte weiter im Boden herum.

»Hast du nicht gehört?«, wollte Furuk wissen und stellte seinen Schwanz senkrecht. »Du darfst hier jetzt nicht mehr sein. So will es das Gesetz.«

»Was kümmern mich eure Gesetze?«, erwiderte die Krähe und klappte mit ihrem beachtlichen Schnabel. »Ich bin nicht von hier. Also gelten eure Abmachungen nicht für mich.«

»Das tun sie sehr wohl«, herrschte die aufgebrachte Elster ihn an.

»Komm. Er ist ein Fremder. Lass uns trinken und dann abhauen«, begütigte Perre.

Doch Furuk wollte so etwas nicht hören. Er war noch aufgekratzt von dem Kampf, den er eben mit eigenen Augen verfolgt hatte. »Sei still!«, gebot er seinem Elsternfreund also und wippte krächzend mit dem Kopf vor und zurück. »Er ist kein Fremder. Ich kenne ihn. Das ist Surt. Ich erkenne ihn an seiner weißen Feder. Er ist ein Lügner, ein Tunichtgut und immer auf Ärger aus.«

Surt fühlte sich ertappt, denn er hatte tatsächlich eine weiße Feder, weshalb er von seinen Artgenossen weitestgehend gemieden wurde. Er war sehr frech, besonders ignorant und sehr kräftig, deshalb kam ihm eigentlich niemand zu nahe.

148

Surt blickte sich nach allen Seiten um und verhielt sich berechnend. »Was willst du jetzt machen? Ich trinke euch das Wasser nicht weg. Es ist ja genügend da. Und genau genommen bin ich hier beschäftigt und nicht am Wasser.«

»Das ist ganz egal«, fuhr ihn Furuk an. »Das Gesetz gilt für die gesamte Klosterinsel und die angrenzenden Wasserläufe. Und ich weiß, dass du Jungtiere frisst, wenn du welche findest, die ohne Aufsicht sind. Ich habe es gesehen, bei einem Küken von Frau Trottellumme. Also verschwinde. Wir haben derzeit auch Junge.«

»Und was ist, wenn ich sogar schon eins von euch erwischt habe? Was willst du dann tun?« Surt hatte von seiner Beschäftigung abgelassen und ging provokant auf Furuks Drohung ein: »Und wenn du es selbst gefressen hast? An deinem Schnabel klebt nämlich Blut.«

»Ich warne dich, Surt. Komm nicht näher, sonst ...«

Furuk konnte seinen Satz nicht beenden, weil ihm die Krähe blitzschnell in die geschwollene Brust hackte.

Perre erschrak, als er sah, dass sich ein Blutstropfen auf dem Brustgefieder seines Freundes verteilte. »Surt!«, rief er mahnend. »Angriffe sind auch verboten.«

»Darum schert er sich nicht«, sagte Furuk taumelnd. »Keine Sorge, es ist nichts passiert.«

»Nichts passiert? Du blutest!«

»Ja, ich weiß.« Auf seinen Beinen wippend duckte sich der Verletzte, um Surt zu beschwichtigen.

»Surt, du hattest deinen Spaß. Geh jetzt, oder wir melden es deinem Anführer«, sagte Perre flatternd.

Surt nahm Furuks Beschwichtigungsgeste nicht entgegen und stürzte sich dann mit den Krallen voran auf Perre. Er riss ihn zu Boden.

»Dein dusseliger Kumpel beschuldigt mich eines Mordes und du wirst auch noch frech. Willst du mir etwa drohen,

Kleiner? Ich bestimme selbst, was ich mache und was nicht. So redet niemand mit mir! Schon gar nicht zwei Kinderschlächter wie ihr.«

Er hakte mit seinem kolossalen Schnabel auf Perres Kopf ein und traf dabei ein Auge.

Perre schrie vor Schmerz auf. Sein Schrei schreckte die anderen Elstern vom Wasser auf und sie ergriffen schnellstmöglich die Flucht.

Furuk stürzte sich von hinten auf Surt und rammte ihm den Schnabel ins Kreuz, genau zwischen die Flügel. »Du darfst uns nicht angreifen. Das wirst du büßen!« Dann riss er den scharfen Schnabel zur Seite und zog eine klaffende Wunde in den oberen Teil von Surts Flügel. Mit einem Satz drehte er sich auf dessen Rücken herum und schaffte es gerade noch, ihm eine beachtliche Menge an Schwanzfedern herauszureißen, bevor sich Surt flatternd von ihm und Perre befreien konnte.

Mit den Federn im Schnabel stellte sich die Elster vor seinem halberblindeten Freund auf. »Ich habe deine Federn, um sie deinem Anführer zu bringen. Sie werden dich ausstoßen und dann bist du Freiwild. Ohne Schwanzfedern wirst du nicht weit kommen. Es dauert viele Tage, bis sie nachgewachsen sind.« Triumphierend hielt Furuk die Federn hoch und forderte Perre auf, mit ihm zu kommen. Sie würden seine Schmerzen und auch seinen Durst auf der anderen Seite des Wassers stillen und dort alles weitere besprechen.

Perre riss sich zusammen und folgte seinem Freund ans andere Ufer. Hinter ihnen fluchte Surt laut krächzend, sodass sich für den Rest der Nacht sicher kein einziger Vogel mehr auf die Klosterinsel traute.

Die beiden Elstern landeten unsanft auf der anderen Seite des Wassers. Perre blieb still, während ihm Furuk etwas Wasser brachte, um seine schmerzende Wunde auszuwaschen und seinen Durst zu stillen. Er fluchte unaufhörlich über die primitiven Kampfmethoden der Krähe Surt und klagte, es täte ihm leid, dass Perre seinetwegen ein Auge weniger hätte.

Erst, als der Schmerz aufhörte so stark zu stechen, sagte Perre schließlich: »Ich glaube, bei dem Kampf der Menschen ging es nicht um den Platz.«

Sein Freund schaute ihn verwundert an.

Aus dem Gebüsch nebenan drang ein Zetern. Es kam von dem Spatzenpärchen, das sie früher von der Wurst verjagt hatten.

Die Spatzen sahen die Elstern im Halbdunkel an und flogen dann spottend in die Nacht hinein.

Unterschiede zwischen Menschen sind besonders wichtig, damit es nicht langweilig wird. Leider bewerten wir diese Unterschiede oft falsch, deshalb kommt es vor, dass wir uns wünschen anders zu sein als wir sind.

Schreibe auf, was du gern an dir verändern würdest. Was hättest du gern anders?

Jeder ist einzigartig. Und jeder bringt eine Gabe mit sich. Die Menschen, die uns gut kennen, schätzen diese Dinge an uns.

Welche Gabe oder welches Talent hast du? Was mögen andere besonders an dir? Schreibe auf, was du richtig gut kannst, oder was besonders an dir ist.

Was kannst du, das andere nicht können?

Fabeln

12

Die Eule und die Maus

Ein Mäuserich ging tagsüber durch den Wald. Da knackte es im Geäst über ihm und er sah dort eine Eule sitzen.

Erschrocken suchte er nach einem Versteck, weil er dachte, die Eule wollte ihn vielleicht fressen. Stattdessen jedoch begrüßte sie ihn und rief: »Guten Tag. Hab keine Angst, lieber Mäuserich. Es ist bei Tag, da schlafe ich für gewöhnlich. Ich werde dir nichts tun.«

Der Mäuserich reckte sein Köpfchen unter dem Farn hervor, unter dem er Schutz gesucht hatte, und sagte: »Ich werde nicht töricht sein. Erst gestern Nacht bin ich in Todesangst vor dir geflohen. Ich sollte also auf der Hut vor dir bleiben.«

»Das ist schon möglich«, antwortete die Eule. »Trotzdem, da wir uns jetzt begegnen und ich dich zum ersten Mal sehe, wünsche ich dir einen guten Tag.«

Basierend auf dem Sprichwort:
Gar mancher wünscht uns »Guten Tag«,
der uns die schlimmste Nacht bereitet.

Der Spatz und die Forelle

Ein Spatz flog zum Bach, um zu trinken. Vor sich im Wasser sah er eine Forelle, die in den schönsten Farben im Sonnenlicht schillerte.

»Komm heraus«, bat der Spatz. »Du bist so wunderschön. Die Spatzenweibchen sind alle braun und grau und langweilig, doch wir beide werden viele Kinder von unglaublicher Schönheit haben. Ich will dich mit nach Hause nehmen und heiraten.«

»Du kannst mich nicht heiraten«, sagte die Forelle da. »Ich lebe hier im Wasser und ich habe keine Beine, um aus dem Wasser herauszusteigen, und ich habe auch keine Flügel, um mit dir nach Hause zu fliegen.«

»Dann werde ich zu dir ins Wasser kommen«, sprach der Spatz toll, »damit wir ein glückliches Leben führen und viele Kinder haben können.« So sprang er vor Liebe blind in den Bach und ertrank.

Ein Fisch mag einen Vogel lieben, doch wo würden sie leben?

155

Der feige Keiler

Die Tiere des Waldes kamen zu einer Versammlung bei ihrem Herren zusammen, weil sich etwas Beängstigendes bei ihnen zutrug.

Ratten waren in ihren Wald gezogen. Erst waren es nur einige, mittlerweile jedoch waren es ganze Scharen, die sich nicht gut benahmen.

Sie beklagten sich beim Keiler, den man seiner Weisheit und seines Sinnes für Gerechtigkeit wegen sehr schätzte.

Der Herr des Waldes hörte sich alles sehr genau an und beschloss, eine der Ratten zur Antwort seiner Fragen zu ihm zu bitten. Als er nun die Ratte um Mäßigung zum Wohle aller bat, war diese uneinsichtig. Sie beklagte sich ihrerseits, die Waldbewohner würden sie meiden.

Der Keiler blieb bei seiner Antwort und ermahnte die Ratte, sie möge sich mäßigen, so dass es ruhig im Wald bliebe, doch als die Ratte abermals uneinsichtig war, wurde er sehr wütend.

»Jeder von uns hat seit Jahrhunderten seinen Platz in diesem Wald«, sagte der Keiler zornig. »Findet euren Platz in der Gemeinschaft und passt euch an. Nehmt meine Worte an oder geht in die Stadt zurück, aus der ihr gekommen seid.«

Die Ratte zeterte und bezichtigte den Keiler der Ungerechtigkeit, denn dieser wolle nicht richten, sondern die Ratte und sein Volk vertreiben. Und dann begann sie zu drohen: »Wir sind flinker und gewitzter als ihr alle zusammen. Wenn Du uns vertreiben willst, Keiler, dann werden wir euch alle Pilze stehlen. Wir finden sie schnell und zuverlässig.« Damit ging die Ratte ungeachtet der empörten und erbosten Blicke der anderen von der Waldversammlung.

Die Tiere des Waldes sahen erwartungsvoll zu ihrem Herren, doch dieser pfiff die Ratte nicht mit gewohnter Härte zurück, um sie zu ermahnen oder gar zu bestrafen. Der Keiler löste die Versammlung auf und schickte alle Tiere mit der Bitte zurück nach Hause, sie sollen etwas nachsichtig mit den Gästen sein, diese werden sich mit der Zeit schon anpassen und auch nicht mehr auffallen.

Den Keiler trieb es nach dieser anstrengenden Versammlung nun in die Pilzgründe. Doch wo er auch nach ihnen suchte, er fand keine.

Da kam die Ratte und setzte sich ihm keck vor die Schnauze. »Es gibt hier keine Pilze mehr. Wir haben sie genommen und weggetragen. Aber wir geben dir welche, wenn du uns in unseren Gewohnheiten lässt und für uns Partei ergreifst, sollte dein eitles Volk wieder einmal Begehr gegen uns hegen.«

»Ich werde tun, was dem Wohle der Gemeinschaft dient. Das ist meine Aufgabe hier im Wald. Ich bin der Waldherr, weil ich für meinen guten Gerechtigkeitssinn und Unbestechlichkeit geschätzt werde«, schnaubte der Keiler zähneknirschend.

»Gut«, sagte die Ratte und warf ihm einige alte Pilze vor. »Wir sind jetzt Teil der Gemeinschaft und wachsen stets. Halt ruhig dein Versprechen und tu also das, was unserem Wohle dient. Dann soll es mir Recht sein. Und solang wir so miteinander auskommen, soll es dir gut gehen.« Sie ging und ließ den Keiler mit den welken Pilzen allein zurück.

»Das Geschehene erschließt uns auf den ersten Blick: Je stumpfer das Schwert der Gerechtigkeit, desto schärfer werden die Messer und je feiger die Richter sind, desto frecher wird das Pack.« (nach Jeremias Gotthelf)

Der Plan

13

Erst vor einer halben Stunde bin ich aus meinem Seminar geflüchtet. Die Kommilitonin, die vorn stand und referierte, hat durchgehend versucht im Genitiv zu sprechen und überall das »S« falsch eingesetzt. Und dem Genitiv-»S« zur Hilfe eilend, plapperten zusätzliche Fugen-»S«e aus ihrem Mund heraus.

Ich saß da und fragte mich, ob die anderen es auch bemerken. Aber die Gesichter ringsherum waren wie versteinert, während die Genitiv-Schänderin immer weiter demonstrierte, dass sie ihrer Muttersprache nicht mächtig ist. Es war haarsträubend und synapsenschädlich. Und so etwas studiert.

Mich zu melden um einzuschreiten, habe ich mich allerdings nicht getraut. Das wäre das einzige Mal gewesen, dass ich mich in einem Seminar melde und dann auch noch so etwas zu sagen, grenzt meiner Begriffe nach an ausgemachte Bosheit.

Also bin ich abgehauen und habe einen Zettel auf meinem Platz liegen lassen in der Hoffnung, dass ihn jemand findet und nichts damit anzufangen weiß, ich mir aber sicher sein kann, meine Botschaft verbleicht nicht ungelesen.

Auf den Zettel habe ich geschrieben: »Des Weibes Schuld ist, dass ich floh! – Rettet den Genitiv!«

Gleich morgen werde ich mich um die Gründung einer Vereinigung zur Pflege geschundener grammatischer Fälle bemühen.

Vielleicht kann mir mein Professor dabei helfen. Ja, das ist mein Plan! Ganz im Ernst. Man kann doch nicht aus dem Seminar getrieben werden. Ich muss etwas unternehmen. Schade um die Zeit. Ach, was soll's? Es war ja sowieso fast zu Ende, das Seminar.

Jetzt gerade bin ich auf dem Weg in die Innenstadt. Hinter der anderen Straßenseite glitzert die Abendsonne auf dem Hafenbecken. Ich hatte nicht bemerkt, dass es hier so schön geworden ist. Überall steht neues Stadtmobiliar. Wirklich sehr hübsch, muss ich sagen.

Ich werde auf einer der Bänke Platz nehmen und meine Synapsen mit geschlossenen Augen pflegen. Vielleicht bilde ich auch ein paar neue. Welche, die sich aus Abendlichteindrücken heraus ergeben. Kann nicht schaden, denn ich habe durch Frau Genitiv sicher einige andere eingebüßt. Hoffentlich die Erinnerung an den Damenbart meiner Tante Griet.

Nein, ich fühle ihn noch auf meiner Wange, als hätte sie mich erst eben geküsst – schade, die hätten ruhig absterben können.

Oh, wie schön es hier ist. Ich liebe es, am Meer zu wohnen. Und das Wasser plätschert ganz beruhigend. Es ist bestimmt dreißig Meter entfernt und dann drei bis vier Meter unter mir. Wieso kann man das hier eigentlich hören?

Igitt. Meine Wange fängt an zu kribbeln, sie erinnert sich auch an Griets Bart. Bah!

Jetzt ein kaltes Getränk, einen Liegestuhl dazu, Sandalen und Sand zwischen den Zehen durchrieseln lassen, das wäre herrlich.

Drüben am anderen Ufer bauen sie dieser Tage doch immer eine Strand-Bar auf. Ich ruf gleich bei Nic an, um mit ihr dort hinzugehen und so zu tun als wären wir schön und reich. Ich brauche allerdings noch ein wenig mehr Gesichtsbräune, um reich auszusehen. Vielleicht sollte ich noch etwas Selbstbräuner auftragen.

Ins Solarium gehe ich nicht mehr, seit meine Haut die ersten Fältchen schlägt. Eigentlich sind es Krater – sehen zumindest für mich so aus.

Mein Chef sagt immer, es sind leichte Gesichtszüge, die endlich in meinem Gesicht Einzug halten. Klasse. Ich will lieber gar keine Gesichtszüge haben.

Bevor ich meine Augen jetzt wieder öffne, halte ich lieber die Hand schützend darüber um die UV-Strahlen zu hindern mich erblinden zu lassen. Immerhin habe ich noch achtundneunzig Prozent Sehkraft, die erhalten bleiben müssen, solange es geht. Letzten Sommer hatte ich die zumindest noch.

Wie schnell nimmt das Sehvermögen wohl ab? Wenn ich letzten Sommer achtundneunzig Prozent hatte, da war ich – oh nein, wie alt bin ich denn? Siebenundzwanzig – also war ich fast siebenundzwanzig und hatte achtundneunzig Prozent Sehkraft. Zwei Prozent Verlust in fast siebenundzwanzig Jahren. Dann hab ich jetzt noch siebenundneunzig und ein paar Zerquetschte. Mehr Zerquetschte, also mehr zur Achtundneunzig hin und dann kann man auch ruhig aufrunden.

Meine Stirn ist von der Sonne schon ganz heiß. Ob mein Eigenhautschutz noch ausreicht? Immerhin bin ich schon eine halbe Stunde lang hier runter zum Hafen gelaufen.

Himmel, ist das hell. Ich habe jetzt nur noch sechsundneunzig Prozent Sehkraft.

Oh, die Frau auf der Bank da drüben sieht mich ab und zu an. Was hat sie da in der Hand? Einen gelben Bleistift. Und sie kritzelt hastig auf einem kleinen Block herum. Ihr Gesicht erinnert mich an das meiner Rektorin, damals auf dem Gymnasium. Wie hieß sie noch. Ach ja, Jutta. Aber eigentlich sieht die Frau dort drüben gar nicht aus wie Jutta. Nur eben, als es noch so hell war. Trotzdem hat sie etwas von einer Akademikerin. Allerdings sieht ihre Kleidung etwas zerschlissen aus und sie – aha, sie ist eine Trinkerin.

Ich habe genau gesehen, dass sie eben eine Flasche aus ihrer Jacke gezogen hat. Wusste ich´s doch. Sie wippt auch so auffällig mir ihrem übergeschlagenen Bein. Etwas zu enthusiastisch für meinen Geschmack. Auffällig.

Wer trägt bei diesem Wetter eine Jacke? Ich zum Beispiel, allerdings eine leichte aus dünnem Stoff und sie hängt verknotet an meiner Tasche. Das ist etwas anderes. Ihre Jacke ist erstens zu groß und zweitens dick und dunkel. Die muss ja transpirieren, was das Zeug hält. Ich habe Deo dabei. In meiner Tasche. Soll ich eben welches nachlegen? Nein, den unauffälligen Riechtest habe ich soeben mit Bravour bestanden. Ich rieche nach frischen Blumen.

Ihre Haare sind auch etwas zerzaust. Vielleicht hat sie keine richtige Bürste oder bloß einen Kamm. Ich finde, Kämme machen das Haar immer strähnig und ihres ist strähnig. Das sehe ich sogar mit meinen verbliebenen sechsundneunzig Prozent Sehkraft. Ach, eigentlich will ich das gar nicht sehen. Ich kümmere mich nicht mehr um sie.

Was ist eigentlich, wenn die Schiffe mal tiefer gebaut sind, als das Hafenbecken? Gibt es so etwas wie eine Hafenauskunft, bei der der Kapitän anruft, um zu fragen, ob das Becken tief genug ist? Sind Hafenbecken genormt? Oder vielleicht sogar betoniert? Wie bekommt man das Wasser aus dem Hafen, um den Grund zu betonieren? ... Die Frau mit den Strähnen schaut ziemlich verbissen auf ihren Block. Oh nein, wie peinlich, sie hat entdeckt, dass ich sie angesehen habe. Jetzt grinst sie mich an. Sie hat allerdings einige mächtige dieser Gesichtszüge, von denen ich auch im Begriff bin welche zu bekommen. Ich werde das Rauchen aufgeben, sonst werden meine Gesichtszüge auch so tief. O nein, was macht sie denn? Sie steht auf. Die Hose ist knittrig. Und jetzt? Jetzt kommt sie zu mir rüber. Ich wünschte, ich hätte nicht über ihren Kamm nachgedacht. Ich denke,...

»Kann ich mich hier zu dir setzen? Ist das Wetter nicht schön? Herrlich, nicht? Wie alt bist du? So Mitte zwanzig möchte ich wetten. Ja, du bist achtundzwanzig und sicher ein Krebs. Ich habe ein Gespür für Wasserzeichen, weil ich Skorpion bin. Wir sind so sensibel. Weißt du, ich bin sensibel. Schön hier mal nette Gesellschaft zu haben. Siehst du die Schiffe da drüben? Die sind groß, nicht? Ich hab das Gefühl, die werden immer Größer. Ups – ey 'tschuldigung, ich sitz hier schon so lange, das ich das Gleichgewicht manchmal verliere.

Ich warte nämlich auf ein Schiff. Nicht auf so ein Großes. Es ist viel kleiner und es muss jeden Moment einlaufen, um mich abzuholen.

Mein Schatz kommt, um mich zu holen. Ich werde ihn schon von weitem am Horizont erkennen. Bis jetzt ist er noch nicht aufgetaucht, aber er wird kommen. Das hat er mir versprochen. Er wird jeden Moment auftauchen.

Ich hab auch schon am Wasser gestanden, aber da waren mir die Wellen zu laut und man kann ja auch nicht die ganze Zeit stehen. ... Herrliches Wetter, nicht? Manchmal ist es ja auch sehr kalt hier, aber nicht im Sommer. Jetzt ist es schön warm.

Heute Morgen bin ich aufgewacht und stell dir vor, es ist nichts passiert. Aber ich habe geträumt, dass ich einen Diamantring geschenkt bekommen habe. Der liegt jetzt bei mir zu Hause auf meiner Holzkommode. Die ist aus dunklem Holz. Mein Schatz hat sie mir geschenkt. Den Ring auch.

Ach, ich wäre gern wieder so jung wie du. Aber so ist das eben. Die Uhr tickt. Tick Tack, Tick Tack.

Bleib doch noch einen Moment hier sitzen. Es ist wichtig auch mal auszuruhen. Weißt du, in mir drin ist so viel Idylle und da draußen gibt es Dinge, die Böse sind. Aber, wenn du dich genügend ausruhst, können sie dir die Idylle nicht nehmen.

Man muss an Dinge glauben und manchmal muss man auf Dinge warten.

Also, ich warte ja auf das Boot, das kommen wird kommt, um mich abzuholen. Es muss jeden Moment einlaufen. Kannst du es am Horizont erkennen? Nein? Ich auch nicht. Ich weiß gar nicht, warum das so lange dauert.

Vielleicht war was mit der Maschine. Die sind ja unglaublich kompliziert, solche Maschinen. Nur was für echte Mechaniker.

Ich bin sicher, dass er gleich kommt, um mich abzuholen. Er hat es mir ja versprochen. Und Versprechen muss man halten.

Gut, dass die Sicht heute so klar ist. Da kann man den Weg auf dem Wasser gut erkennen. Und Wege auf dem Wasser sind wirklich lang, das kannst du mir glauben. Aber bei klarem Wetter kommt man schneller voran.

Nebel behindert einen nur und es ist gefährlich bei Nebel auf dem Wasser herumzuschippern.

Hast du es schon gesehen? Das Boot ist sehr auffällig. Es hat ein grünes Segel. Er wird bald da sein und mich abholen. Er hat gesagt, ich sei die Liebe seines Lebens und er hat mich immer Sonnenschein genannt. Weil ich immer so schön braun war. Du bist ein bisschen blass. Du solltest mehr an die Sonne. Die erledigt das. Siehst du? Ich bin schön braun.

Eigentlich müsste ich ja arbeiten, aber ich habe einen anderen Plan. Man kann nicht sein ganzes Leben in dieselbe Richtung gehen. Man muss andere Dinge ausprobieren, neue Pläne machen. Ich habe einen schönen Plan. Ich warte hier. ...

Ich warte, dass mich mein Schatz abholt. Wir wollen einfach raus segeln und woanders ein neues Leben beginnen. Ist das nicht ein schöner Gedanke? Ein Traum, wenn du mich fragst. Also warte ich, damit mein wirkliches Leben anfangen kann.

Ach, du packst schon? Hast keine Zeit, hm? Andere Pläne? Ich seh schon. Aber es ist ja auch wichtig Pläne zu haben. Ich habe einen Plan, weißt du? Ich warte, dass mein richtiges Leben beginnen kann. ... Würde ja jetzt gern sagen, bis bald. Du scheinst nett zu sein. Aber ich kann leider nicht versprechen, dass wir uns wieder sehen. Denn ich will weg von hier. Verschwinden eben. Tschüß dann.«

Ich habe die Frau noch ein paar mal am Hafenbecken sitzen

sehen. Mit dem selben Hoffnungsschimmer im Gesicht und mit der selben wippenden Bewegung mit ihrem übergeschlagenen Bein.

Glücklicher Weise hat sie mich nicht wieder erkannt.

Die Menschen, die an ihr vorüber gehen, lächeln irgendwo zwischen Pikiertheit und Mitleid für sie und ihre Erscheinung.

Für einen Lacher der sich ringsum tummelnden Jugendlichen schienen ihre Selbstgespräche allerdings zu genügen.

Man sagt doch immer, dass es auf jedem Begräbnis einen guten Lacher gibt, allerdings bin ich mir nicht sicher, ob diese Dame – wenn ich sie als solche bezeichnen soll – überhaupt ein richtiges Begräbnis bekommt, wenn es in absehbarer Zeit soweit ist. Ich frage mich, was wohl aus ihr wird und ob sie alleine sterben wird – Ob das ihr eigentlicher Plan ist? Und ob dann jemand da sein wird, der einen Lacher bringt?

Oft geht es uns ganz ähnlich, wie den beiden in unserer Geschicht. Entweder sind wir total beschäftigt und denken über den nächsten Moment nach oder wir warten auf irgendetwas. Das eine ist gleich vorbei und das andere bedeutet Stillstand.

Es ist wichtig zu wissen, wohin wir gehen. Wir haben vorher über Ziele gesprochen und du hast dir welche aufgeschrieben. Geh zurück zu Kapitel 5 „Das Labyrinth" und nimm ein Ziel mit auf diese Seite.

Mein erstes Ziel:

Überlege nun, was der erste Schritt zu diesem Ziel ist und wie es dir gelingt, ihn innerhalb von 72 Stunden umzusetzen (das sind drei Tage). Schreibe deinen Plan hier auf.

Mein erster Schritt:

Tu den ersten Schritt innerhalb 72 Stunden, denn
sonst tust du ihn nie

Dolores

14

Dolores war die bemerkenswerteste Frau, die ich in meinem Leben gesehen habe. Sie war nicht bloß großherzig, gutmütig, gesellig und humorvoll, sie war auch durchsetzungsfähig und geschäftstüchtig, schlagfertig und immer wachsam. Und sie war sehr weise, kannte jeden Trick und Kniff - egal ob beim Kochen oder beim Kartenspiel. Zudem hatte sie den längsten Geduldsfaden der Welt.

Ihre braunen Augen, deren Farbe je nach Stimmung zwischen Honig, Bernstein und Lebkuchen wechselte, hatten alles schon gesehen und sie sahen immer einfach alles. Sie war aufmerksamer als die anderen Menschen, denn selbst minimale Gesten und kleine Veränderungen in Gesichtsausdrücken erkannte sie.

Es war immer, als würde sie jedem Menschen direkt ins Herz sehen. Ihr konnte man nichts vormachen!

Dolores war auch sehr stolz und dazu hatte sie allen Grund, denn sie war in der Lage, sich alles anzueignen, was sie interessierte.

Sie war sehr, aber auch wirklich sehr, sehr talentiert, denn im Handumdrehen konnte sie Dinge, die sie sich soeben selbst beigebracht hatte umsetzen und anwenden. Und sie wollte einfach alles kennenlernen, was ihr fremd war.

Zum Beispiel war sie eine sehr gute Tänzerin, obwohl sie nie einen Tanzkurs besucht hatte und ihre Beine waren eine Legende! Jemand hatte sogar mal ein Lied über ihre Beine geschrieben.

Hoch begabt, die Dame. Auch sprachlich außerordentlich talentiert. In ausnahmslos jeder Sprache, die jemals zu einer Landessprache erklärt worden war, konnte sie einige Sätze sprechen. Sehr praktisch auch auf Reisen, denn sie konnte sich immer und überall verständigen. Sie kannte sogar, und man wird es kaum glauben, das ungarische Wort für Eichhörnchen: Mokuschka. Wie viele Menschen - außer denen, die des Ungarischen mächtig sind – können das schon von sich sagen?

Was mir auch noch in den Sinn kommt, ist, dass sie eine starke und lebenslustige Frau war, denn sie ging ihrem Beruf erfolgreich nach und ernährte so ihre Kinder. Sie war allein erziehend. Doch davon ließ sie sich nicht aufhalten. Im Gegenteil – es trieb sie an, das Leben noch mehr zu bejahen, während sie kochte, wusch, erzog und gleichzeitig Karriere machte.

Sie war zu jeder Zeit hilfsbereit und engagierte sich in der Gemeinde. Sie war die erste, die sich bei Gesellschaften anbot, einen Kuchen zu backen und sie war die letzte, die jemandem eine Bitte oder einen Gefallen abschlug. Das machte sie sehr beliebt.

Dolores hatte aus eben diesem Grund viele Verehrer. Als junge Frau war sie eine Augenweide und auch später, als der Lack zu blättern begann, unterlag jeder Einzelne ihrem Charme und ihrem unglaublich freundlichen Lächeln. Doch keiner von ihnen konnte sie wirklich davon überzeugen, lange bei ihm zu bleiben.

Stattdessen gewöhnte sie sich das Rauchen an. Das war seinerzeit sehr schick. Später irgendwann verbat ihre jüngste Tochter ihr das Rauchen und fortan roch sie stark nach Pfefferminz. Die Minze bräuchte sie für die Verdauung, hatte sie gesagt und die Zigarette rauchte sie trotzdem heimlich, um meine Mutter zu ärgern. Wenn sie darüber sprach, lachte sie immer Tränen, weil sie über sich selbst am meisten und am lautesten Lachen konnte.

Dolores aß so gern Kirschen. Und einmal – sie hatte ein ganzes Kilo davon auf dem Wochenmarkt gekauft – zeigte sie mir, wie man die Kerne im Mund sammelte, um sie danach auf weiße Röcke zu spucken, ohne dass es jemand mitbekam.

Ein anderes Mal gab es eine Menge Ärger deswegen, aber da war Dolores auch nicht dabei. Etwas musste schief gelaufen sein, denn ein Mann hatte es mitbekommen und es der Dame mit dem weißen Rock gesagt. Ich bekam eine gescheuert dafür. War nicht so schlimm, denn es tat ja nicht lang weh. Der Rock jedoch war mit Sicherheit noch lange rot-lila gesprenkelt.

Zu Hause hatte sie in einem handgeschnitzten Eichenschrank mit liebevoll verglaster Front eine Glasschale oder Bonboniere zwischen den teuren Cognacschwenkern, in der sie Bonbons aufbewahrte. Es war die Sorte Karamell-Bonbons, die unglaublich süß schmecken, die man nur schwer von seinen Zähnen wieder runter bekommt, wenn sie sich erst einmal fest gebacken hatten.

Bei Dolores gab es immer Schokolade und Kuchen zum Frühstück und man durfte aufbleiben, solange man wollte, sofern man am nächsten Morgen keine schlechte Laune verbreitete.

Mit Kleinigkeiten, wie Zähneputzen oder Hausaufgaben, hielt sie sich nicht lange auf. Sie sagte, es gäbe Wichtigeres, das einem das Leben beibringen solle. Hausaufgaben würden einen nur vom Wesentlichen ablenken. Lernen sollte man in der Schule, nicht am Schreibtisch, denn was konnte einem das Leben dort schon groß zeigen?

Ihr hörte ich gern zu, wenn sie mir ihre Geschichten erzählte, dem Lehrer hörte ich fortan nur noch mit einem Ohr zu und blickte immerzu aus dem Fenster, weil sich dort draußen das Leben, also etwas abspielte, das mir etwas beibringen konnte.

Neben dem Eichenschrank, in dem die Cognacschwenker und die Bonboniere standen, gab es einen kleinen Tisch, auf dem standen immer ein sauberes Glas und eine Flasche Sherry. Alter, rauchiger Sherry. Dolores liebte es, am Nachmittag ein Glas Sherry zu sich zu nehmen. Sie trank ihn mit so viel Andacht und Ruhe und Genuss, um den Moment voll auszukosten. Dann sah sie immer aus, wie ein Kind, das mit leuchtenden Augen Schokolade im Mund schmelzen lässt. Über der Flasche Sherry – es war wirklich ganz besonders leckerer Sherry – hing das Bild eines Mannes.

Dieses Bild wischte Dolores Tag für Tag mit viel Liebe ab, damit sich ja kein Staub auf ihm sammelte. Es war der einzige Mann, der ihr Herz hatte erobern können. Aber er musste sich dafür schon sehr ins Zeug legen, denn sie war ja schon sehr wählerisch, was Männer anbelangte.

Ich glaube, er hat sie in ein Abenteuer verwickelt, dass man sich nur schwer vorstellen kann, um sie mitzunehmen um die Welt und ich glaube auch, dass Dolores deshalb so viele Geschichten kannte.

Aus einem Grund, den ich nicht kenne, haben sich ihre Wege getrennt. Aber manchmal habe ich beobachtet, wie Dolores mit dem Mann auf dem Bild redete, ihm so dies und das mitteilte.

Und wenn ich schlafen ging, habe ich mir immer vorgestellt, Dolores sei ein Engel mit großen Flügeln. Sie musste unter jemandes Schutz stehen, weil sie selbst so gut beschützte.

Wenn das Wetter schlecht war, stellte ich mir vor, sie sei eine Hexe, die nachts seltene Kräuter auf dem Friedhof pflückte, um sie zusammen zu brauen und eine ganz besondere Seife herzustellen. Manche Kräuter allerdings wuchsen so weit weg, dass sie auf ihrem Besen dort hin fliegen musste. Ihren Besen kenne ich gut, aber bei mir hat er nie funktioniert. Er gehorcht nur Dolores. Er stand immer in ihrem Flur und wenn er umkippte, dann bekam Dolores Besuch, sagte sie immer...

Gestern bekam ich einen Anruf mit einer traurigen Nachricht von meiner Tante. Oma Dolores sei gestorben. Ich war gar nicht traurig, muss ich zugeben.

Und da wir bei der Wahrheit sind: ich kannte Dolores überhaupt nicht. Wir sind uns nur selten begegnet. Ich erinnere mich an keinen tieferen Eindruck mehr, den ich von ihr haben könnte.

Das Einzige, woran ich mich erinnere, ist, dass sie einmal mit dem Taxi vorgefahren kam. Es war am Tag der Hochzeit meiner Schwester.

Oma wollte wie eine Frau von Welt aussehen – vielleicht weil sie aus der Großstadt kam - und bedankte sich beim Taxifahrer dafür, dass er ihr die Tür standesgemäß aufhielt mit den Worten: »Merci bou-bou!«

Der Taxifahrer begann zu lachen, schloss nickend die Augen und die Tür und antwortete: »Oh de fouf!«

Dolores hatte einverstanden und konspirativ zurück genickt.

Gibt es jemanden, den du selten siehst und den du nie vermisst, an den du dich aber gern erinnerst?
Schreibe auf, wer dieser Jemand ist und woran du dich gern erinnerst.

Gute *Erinnerungen* kann dir niemand nehmen!

Fussel

15

Mein Name ist Silas. Ich habe Schwierigkeiten mit fremden Menschen und auch mit fremden Dingen und Situationen. Ich brauche geregelte Abläufe und ich liebe Rituale. Alles was sich wiederholt, gefällt mir. Was mir nicht gefällt, dem widersetze ich mich. Ist doch normal. Was man mag, tut man gern; was man nicht mag, lässt man bleiben. Blickkontakte lass ich bleiben. Ich mag sie nicht. Ich betrachte die Dinge lieber so wie ich sie sehen möchte und so, wie ich ihnen begegnen möchte.

Blicke sind sehr schnell. Sie wechseln ihren Standort von einem Moment auf den anderen. Ich glaube, sie ändern ihre Meinung, sind wechselhaft. Es gibt ehrliche und verschlagene und heimliche Blicke. Die anderen hab ich noch nicht kennen gelernt. Ich mag sie ohnehin nicht und so verzichte ich auf ihre Bekanntschaft.

Menschen sind genau so wechselhaft wie Blicke. Als ich klein war hatte ich eine Freundin im Sandkasten. Mal wollte sie mit Sand spielen, dann mit Kleckermatsch (ich kann Wasser nicht ausstehen, denn Wasser bewegt sich mir zu schnell und bei Kleckermatsch versteckt es sich im Sand) ... eigentlich hat sie alles abgebrochen, was sie anfing, weil sie immer wieder andere Dinge entdeckte und interessanter fand, als das Alte. Ich mag das Alte. Fremde Dinge liegen mir nicht. Und ich habe nur einen einzigen Freund, mit dem ich darüber reden möchte.

Auf der ganzen Welt gibt es niemanden, der mich so sehr versteht. Er ist mein Freund und sein Name ist Fussel. Mein Name ist Silas. Andere können Fussel nicht verstehen. Das hat er mir gleich gesagt und ich hab es ihm geglaubt. Gesehen hab ich es auch. Wenn Fussel mit mir spricht, kann ich ihn ganz klar und deutlich hören. Wenn er mit Anna spricht, dann reagiert sie nicht. Vielleicht ist sie schwerhörig. Viele Menschen sind schwerhörig und viele sehen dazu sogar noch schlecht. Deshalb mache ich Handzeichen für sie, damit sie mich erkennen.

Mein Name ist Silas und ich gebe Handzeichen. So kann mich jeder erkennen. Aber weil nicht alle gut sehen, und auch nicht gut hören, kann es sein, dass ich öfter Handzeichen geben muss, damit sie mich dann doch erkennen. Ich mag keine Fremden. Aber die, die mich kennen, die wissen, dass mir Fremde nicht liegen. Manche von denen, die mich kennen, sind allerdings vergesslich. Und wenn sie es vergessen haben, dass ich Fremdes nicht mag, was selten vorkommt, dann erkennen sie mich erst an meinen Handzeichen wieder und erinnern sich daran. Dann schicken sie die Fremden weg oder machen alles wieder so, wie es vorher war. Ich mag die Dinge, wie sie sind. Warum etwas verändern, was so gut ist, wie es schon ist? Anna vergisst auch manchmal, was ich nicht mag. Dafür vergesse ich auch mal was – mit Absicht.

Mein Freund heißt Fussel. Er ist ein Fussel. Ich bin Autist. Was das ist, weiß ich nicht genau. Ich glaube, die, die so schlecht sehen und hören, die brauchten einen Namen für mich. Damit sie mich besser erkennen können. Die Ärmsten. Dabei hab ich ja schon einen Namen. Ich heiße Silas.

Anna weiß das, aber sie nennt mich auch manchmal Autist.

Fussel hat mal gesagt, dass Anna den anderen hilft, mich zu erkennen. Aber ich bin doch nicht durchsichtig. Sie sehen schlecht. Ich sehe gut.

Fussel saß irgendwann einmal plötzlich auf meinem Nachttisch und schlief. Er schläft immer im Sitzen. Ich habe ihn stundenlang beobachtet und als er aufwachte waren wir

Freunde. Er geht gern auf Zehenspitzen, so wie ich. Er hat mir damals gesagt, er könnte nicht für immer bleiben und ich frage mich manchmal, wie er das meint. Wollte er schon nach einer Stunde wieder gehen, nachdem er am ersten Tag aufgewacht war? Er ist geblieben. Oder wollte er nur ein paar Tage zu Besuch bleiben, so wie Anna ihren Freund besucht oder ihre Mutter, am Wochenende? Den Rest der Woche ist sie bei mir. Aber wir dürfen nicht in einem Bett schlafen.

Anna hat immer weiße Kleider an. Er wollte bei ihr eine Freundin suchen, aber Anna hatte keine dabei. Fussel hat gesagt, dass Anna ihm eine Freundin bringen wird, irgendwann. Vielleicht ist er deshalb geblieben, weil er noch darauf wartet. Jedenfalls ist Fussel schon sehr lange bei mir zu Besuch. Er redet nicht viel mit mir. Also nicht jeden Tag. Er ist immer sehr müde. Nur wenn Anna da ist, dann spricht er viel. Auch mit ihr, aber ich gebe ihm heimlich Handzeichen, dass sie ihn nicht versteht, weil sie schlecht hört. Gesehen hat sie ihn schon mal. Da hat er sich so gefreut, dass er drei Tage nicht schlafen konnte. Er hat sogar die Nächte durch gebrabbelt. Fussel mag den Geruch von Melonen, honigbeschmierte Würstchen und Dinge, die sich wiederholen, so wie Strickmuster. Fremde mag er nicht. Ich auch nicht. Wir sind schon lange gute Freunde, aber ich glaube, er wird bald gehen. Er hat gesagt, dass er nicht für immer bleiben kann. Vielleicht verreist er nach Schottland. Fussel hat achtzehn Haare. Zwei davon sind grün, eines weiß und der Rest ist rot. Sein Vater ist ein Schottenrock.

Fussel und ich gehen in den Wald, zusammen mit Anna und ein paar anderen aus meiner Wohngemeinschaft. Wir wohnen mit vielen zusammen. Aber in einem Bett schlafen dürfen wir nicht. Ich war schon mal im Wald, da ist es sehr schön. Aber ich mag Ameisen nicht, die bewegen sich zu schnell. Hoffentlich sind heute keine da. Anna geht mit uns zu einem Bach. Ameisen hab ich nicht gesehen, aber Wasser mag ich auch nicht. Es fließt davon, ehe man sich bekannt machen konnte. Ist mir zu unbeständig. So wie meine Freundin aus dem Sandkasten. Über dem Bach liegt eine Brücke. Anna geht schon mal drüber und wartet auf der anderen Seite.

Fussel hab ich in der Hand, damit er den Wald sieht. Er war noch nie im Wald. Aber als er das Wasser sieht, sagt er, ich soll stehen bleiben. Ich gebe Anna Handzeichen, damit sie zurück auf meine Seite kommt. Aber sie bleibt stehen, wo sie ist, beugt sich vor und fragt ob was nicht in Ordnung sei. So, wie man jemanden fragt, der auf der Straße hingefallen ist. Aber ich bin ja nicht hingefallen. Ich gebe ihr Handzeichen, damit sie mich auf die Entfernung erkennt. Aber sie schüttelt den Kopf und sagt, ich soll näher kommen, wahrscheinlich kann sie mich wieder nicht richtig erkennen. Ich werde etwas nervös. Was wenn Anna vergessen hat, wie ich aussehe. Aber Fussel sagt, das wird sie nicht vergessen. Ich will nicht zu ihr gehen. Dass ich Wasser nicht mag, weiß sie doch. Aber dann ruft sie mich beim Namen - sie kennt mich also doch. Ich soll Schritt für Schritt über die Brücke und mich gut am Geländer festhalten, dann würde ich schon sehen, dass ich nichts mit dem Wasser zu tun haben muss, weil ich drüber laufen kann.

Das Wasser murmelt Sachen, die ich nicht verstehe. Fussel sagt, das Wasser unterhält sich mit den Bäumen. Er ist aufgeregt. Ich will nicht über die Brücke gehen. Das Wasser heckt was aus, da bin ich sicher!

Auf einmal soll ich Fussel hoch halten. Er hat etwas entdeckt. An Annas Jacke hängt eine kleine Blonde, sagt er mir. Heute ist der Tag, auf den er schon lange gewartet hat und er will zu ihr. Natürlich tu ich ihm den Gefallen, um den er mich nicht mal bitten muss. Ich stecke ihn vorsichtig in meine Tasche. Normalerweise sitzt er darin und schläft, wenn er müde wird. Aber heute tu ich ihn zur Sicherheit da rein, damit er nicht ins Wasser fällt. Er mag kein Wasser. Ich auch nicht. Ich gehe vorsichtig auf die Brücke. Das Wasser murmelt noch immer. Am ersten Pfosten mache ich eine kurze Pause. Ich will nachsehen, ob es Fussel gut geht. Ich öffne vorsichtig mit Daumen und Zeigefinger die Tasche, um ihn nicht zu erschrecken. Er schaut zu mir hoch und freut sich. Ich schließe die Tasche wieder und gehe weiter.

Am zweiten Pfosten sehe ich wieder nach, denn was ist, wenn Fussel durch ein Loch hindurch gefallen ist? Ich wäre traurig, wenn er durchgefallen wäre. Ich sehe lieber nach.

Fussel lacht mich an, also schließe ich die Tasche wieder.

Beim dritten Pfosten öffne ich die Tasche erneut. Ich will wissen, ob wir nicht doch umdrehen wollen. Wenn Fussel weitergehen will, dann geh ich auch. Er will zu der Blonden. Weil wir Freunde sind, tu ich ihm den Gefallen. Und er will nicht umkehren. Ich frage sicherheitshalber noch einmal nach, aber er schüttelt den Kopf. Also schließe ich die Tasche wieder und gehe vorsichtig weiter.

Anna sagt meinen Namen, als wäre sie überrascht, mich hier zu treffen. Sie erkennt mich wieder, aber sie hat wohl vergessen, dass wir zusammen hier her gegangen sind. Die Ärmste. Ich fasse den vierten Pfosten an. Das Holz ist warm von der Sonne.

Fussel schnarcht in meiner Tasche. Er ist wohl eingeschlafen. Er ist immer sehr müde.

Ich bleibe stehen und sehe noch einmal in die Tasche. Tatsache! Er schläft. Ich gehe weiter.

Anna streckt mir ihre Hand entgegen. Ich nehme sie nicht, weil ich Fussel gleich aus der Tasche nehmen muss. Auf der letzten Planke der Brücke höre ich wieder das Murmeln des Wassers. Es scheint sich wirklich mit den Bäumen zu unterhalten. Ein Glück hat es mich nicht bemerkt. Ich öffne vorsichtig meine Tasche und hole Fussel heraus. Er sitzt auf meiner Hand und schläft. Ich frage mich, ob er nicht einen schlechten Eindruck auf die Blonde macht, wenn er bei der ersten Begegnung schläft. Das macht man nicht.

Plötzlich entdecke ich eine Ameise auf meinem Anorakärmel. Ich mag keine Ameisen. Ich sage ihr, sie soll verschwinden, aber sie schert sich nicht darum. Ich ziehe meine Hand weg, auf der Fussel sitzt, um sie von meinem Ärmel zu verjagen. Dabei gehe ich rückwärts und gebe der Ameise Handzeichen, vielleicht kann sie meine Sprache nicht.

Anna kommt hinter mir her, bleibt aber vor Fussel stehen, der jetzt hellwach in der Luft schwebt. Sie bleibt stehen, damit er neben der Blonden landen kann. Die Blonde freut sich, Fussel kennen zu lernen. Sie werden genau so schnell Freunde, wie Fussel und ich damals.

Anna kommt zu mir auf die andere Seite des Bachs, an der ich jetzt wieder stehe und die Ameise ausschimpfe. Es gehört sich nicht, auf fremden Ärmeln herumzulaufen, ohne vorher zu fragen.

Ich sehe, dass Fussel und die Blonde durch den Wald schweben. Er dreht sich noch zu mir um und winkt und ruft mir zu, er möchte die Blonde seinem Vater vorstellen. Sie fliegen nach Schottland. Und Fussels Vater lebt ja in Schottland.

Geht es dir auch manchmal so wie Silas?

Andere Menschen beachten oder sehen dich nicht? Oder sie hören dir nicht zu, obwohl deine Körpersprache förmlich röhrt was du denkst?

Niemand kann uns in den Kopf hinein sehen.

Deshalb ist es wichtig, anderen einige unserer Gedanken mitzuteilen.

Schreibe auf, welche Dinge dir im Moment überhaupt nicht passen. Was sollte ganz anders sein und weshalb?

Jetzt weißt du, was dir derzeit quer liegt. Dann wird es Zeit es rauszulassen. Finde einen Weg, diese Dinge mitzuteilen, damit es dir besser geht und damit andere deine Beweggründe verstehen.

Gib den Blick frei.

Pigus
Gerbera

Vor zwei Wochen hat mir mein Arbeitskollege Pigu zu meiner freudigen Überraschung eine rosa Gerbera geschenkt.

Sein Nachname ist Pigulla, deshalb nennen wir ihn Pigu.

Weshalb ich die Blume von ihm bekommen habe, weiß ich nicht genau. Es heißt ja: »Nimm es an und danke dem Schenker«.

Allerdings hat sich mein Leben seitdem völlig geändert.

Es ist mir etwas unangenehm davon zu berichten, denn seitdem passieren Dinge, die sich niemand erklären kann. Es ist mir beinahe etwas peinlich, aber wenn ich schon mit niemandem darüber sprechen kann, dann muss ich es ja trotzdem irgendwie loswerden.

Es fing also alles mit der Gerbera an.

Eines Tages, als ich bei der Arbeit von der Kaffeepause mit Susi und Flusi, meinem Kaffeepausengespann, zurückkam, fand ich diese Blume auf der Tastatur.

Sie lag da, rosig, frisch und von meiner verwunderten Stille umspielt. Ich sah mich nach allen Seiten um, ohne jemanden zu entdecken, der sie mir geschenkt haben könnte. Natürlich habe ich mich darüber gefreut, aber kennen Sie dieses gebrochene Gefühl der Freude, wenn man nicht weiß, woher ein solches Überraschungsgeschenk stammt und wohin man nun seine neugeborene Dankbarkeit geben soll?

Man weiß dann nicht, welche Art von Gruß und Botschaft das Geschenkte mit sich bringen soll und das streut dann Unsicherheit. Dass Pigu dahinter steckte, habe ich erst etwas später am Tag herausgefunden.

Das letzte Mal, als ich Pigu gesehen habe, fuhr er mit dem Fahrstuhl nach unten. Ich kam nicht rechtzeitig genug und die Türen schlossen sich, ohne dass ich noch eintreten konnte.

Er stand mir gegenüber im sich schließenden Fahrstuhl, lächelte mich an und sagte, es sei ein besonderes Geschenk gewesen, das eine Veränderung mit sich brächte. Danach habe ich Pigu nicht wieder gesehen. Er ist seitdem wie vom Erdboden verschluckt.

Was soll ich sagen? Ich bin eine junge Frau, die ihr Leben soweit im Griff hat, dass sie für sich selbst aufkommen kann und ebenso für drei Gefährten. Ich habe ein Kaninchen und zwei Echsen, mit denen ich mein Leben und eine kleine, zentral gelegene Dachgeschosswohnung teile.

Manche Menschen in meinem Umfeld haben größere Wohnungen, aber ich habe Platz genug. Was soll ich mit einem Arbeitszimmer oder einem Raum, der einfach übrig ist?

Mein Geld verdiene ich neben dem Studium in einer Hotline. Jeden Tag habe ich dort mit Kunden zu tun, die zu doll auf den Putz gehauen haben und nicht mit sich und ihrem Geld auskommen.

Ich für meinen Teil bekomme das ganz gut hin. Ich studiere Literaturwissenschaften und Geschichte - ohne das große Ziel, dies auch einmal zu unterrichten, wie die meisten meiner Mitstudenten - sondern weil ich ohne bestimmten Grund studiere.

Sicher habe ich Vorstellungen und Träume von meiner zukünftigen, beruflichen Tätigkeit und dieses Studium ist da ganz bestimmt hilfreich für deren Verwirklichung, aber für mich geht es beim Studieren um das Studieren an sich.

Männerbekanntschaften und Beziehungen gibt es in meinem Leben natürlich auch. Zurzeit bin ich Single und meine letzte Beziehung und auch mein letzter Flirt waren nicht gerade zum Kinder kriegen, wenn Sie verstehen, was ich meine?

Sie sehen schon, mein Leben läuft ganz normal für eine junge Frau in meinem Alter. Somit brauche ich auch keine Veränderung, wie Pigu sie angekündigt hat. Das wiederum ist der Grund dafür, dass meine Freude über die Gerbera weiterhin in kleinen Teilen ihrer Blüte gebrochen blieb für mich.

An diesem Tag, an dem ich ihn das letzte Mal gesehen habe, fragte ich mich den ganzen Weg nach Hause über, was Pigu wohl gemeint haben konnte, als er sagte, es würde sich etwas verändern. Die Antwort ließ nicht lange auf sich warten.

Auf dem Weg nach Hause bemerkte ich bereits, dass die Menschen sich verändert hatten, die auf der Straße liefen.

Ich dachte nicht, dass dies schon die eingeleitete Veränderung war, sie kamen mir nur seltsam fremd vor. Sonst habe ich mir nicht viele Gedanken über sie gemacht, hier und da mal jemanden beobachtet, aber auf meinem Weg zurück nach Hause hatte ich das Gefühl, dass ganz viele Verrückte auf der Straße unterwegs waren. Näher erklären könnte ich es nicht. Es war halt mein Eindruck.

Abends dann, als auch Herr Kaninchen schon eingerollt in seinem Gatter lag und meine Echsen sich auf dem Wüstenboden platt machten, lag ich eine Weile wach und gelangweilt auf meinem Bett. Mein Buch, bei dem ich seit Tagen mit den Seiten spielte, weil sich mir der Inhalt nicht so recht erschließen wollte, habe ich genervt beiseite gelegt, weil keine Besserung in Sicht war.

Danach habe ich mir etwas zu Essen gemacht, das mir nicht so recht schmecken wollte. Ich öffnete den Kühlschrank bestimmt zwanzig mal an diesem Abend, immer wieder mit der Hoffnung, auf wundersame Weise wäre beim nächsten Öffnen das im Kühlschrank für mich hinterlegt, auf das ich gerade Appetit hatte. Aber da kam natürlich nichts hinzu.

Nach einer trockenen Scheibe Toast versuchte ich in der trauten Zweisamkeit mit meiner Bettdecke einen leichten Schlaf einzuleiten, aber auch das blieb ohne Erfolg. Und dann knipste ich gelangweilt einfach nur so meine Nachttischlampe an und aus... an und aus... an und aus.

Plötzlich hielt ich in meiner neuartigen Belichtungsmethode inne, denn ein leises Geräusch drang durch die nächtliche Hellhörigkeit an mein Ohr. Eine leise Stimme, die von einer sehr kleinen Person zu stammen schien.

»Oh-oh-oh!«, ließ sie verlauten.

Ich wohne allein, wie Sie wissen, und bekam einen kleinen Schreck. Nicht, dass ich nächtliche Geräusche nicht gewohnt bin, aber das plötzliche Auftauchen einer Stimme befremdete mich ein wenig.

Ich verließ mein Bett und die Nachttischlampe, um die Herkunft des kleinen Geräusches in Erfahrung zu bringen.

Wenn mich meine Ohren nicht täuschten, kam jetzt ein leises, geschäftiges Ächzen aus dem Wohnzimmer. Ich tippte den Dimmer meines Deckenfluters mit meinem großen Zeh leicht an und sah mich in der augenschonenden Beleuchtung um. Dann war es still in meinem Wohnzimmer.

Da war nichts und ich stellte die Dunkelheit wieder her, als das geschäftige Geräusch wieder ertönte, gefolgt von einem feinen »Woooaah!«, gefolgt von einem plumpsenden Geräusch auf meinem Wohnzimmertisch.

Vorsichtshalber ließ ich das Licht diesmal aus und näherte mich der Geräuschquelle, als ich auf Pigus Gerbera ein kleines Geschöpf ausmachte, das mehrere kleine Säckchen von der Blüte aus auf den Tisch plumpsen ließ.

Als ich näher kam, traute ich meinen Augen nicht.

So gut es die spärliche Lichtquelle aus dem Nebenzimmer zuließ, erkannte ich eine kleine Spinne.

Sie bewegte sich untypisch für eine gewöhnliche Spinne. Sie

lief auf vier von acht Beinen, mit aufrechtem Gang. Zwei benutzte sie, wie ich meine Hände und die übrigen zwei nahm sie hier und da zur Unterstützung, um sich zum Beispiel am Rand der Blütenblätter festzuhalten.

Also, ich muss schon sagen, ich war sehr erstaunt.

Die kleine Spinne bemerkte mich zunächst einmal nicht, ging stattdessen unbeirrt ihrem Vorhaben nach, kleine Säckchen zischen den Blütenblättern der Gerbera herauszuziehen, mit ihrem eigenen Faden zu verschnüren und auf den Tisch hinunterzuhangeln.

Ich kam noch näher, als sie mich bemerkte und mich vollkommen schmerzbefreit begrüßte, so als wäre ich einer ihrer Nachbarn, der zufällig vorbei kam, den man halt grüßt, während man eigentlich mit etwas Anderem beschäftigt ist.

Sie schien keine Angst zu haben und ich beobachtete sie, staunend und still vor meinem Wohnzimmertisch sitzend, wie sie unbeirrt weiterhin Säckchen von der Blüte auf den Tisch beförderte.

Etwas später ging ich verwirrt wieder zu Lampe und Bettdecke, blinzelte durch mein Dachfenster in den Himmel und muss irgendwann einfach eingeschlafen sein.

Am nächsten Morgen stand die Gerbera unverändert in der Vase auf dem Tisch. Rosig, frisch und von dieser bezaubernden Stille umspielt, die Blumen mit sich bringen, allerdings ohne jegliche Spur von der kleinen Spinne.

Hier und da ein kleiner Gedanken an die seltsame Begegnung von gestern Nacht über den Tag verteilt; am Abend hatte ich sie jedoch beinahe vergessen.

Mit Vorfreude auf mein Vorhaben mich an jenem Tag feierlich selbst und asiatisch zu bekochen, trat ich in meine Wohnung ein, stellte die Einkäufe in die Küche, ging trällernd ins Bad, räumte meine Wohnung ein wenig um, fütterte meine Mitbewohner und begann zu kochen.

Ich verließ meine Kochstelle jedoch, als ich ein lautes Geräusch aus dem Wohnzimmer vernahm.

Mein Kaninchen hatte mit einem lauten Satz an den Gitterstäben entlang, mächtig viel Holzspäne auf dem Teppichboden verteilt.

Wirklich begeistert über diese Anwandlung war ich nicht. Ich wollte doch bloß in Ruhe kochen.

Als ich näher trat sah ich, dass sich Herr Kaninchen in einer Ecke seines Gatters verkrochen hatte und wie aufgescheucht am Bodenplastik wühlte. Natürlich mit dem einzigen Erfolg, dass noch mehr Späne durch den Raum flogen.

Da, er machte wieder einen Satz. Irgendetwas schien ihn zu erschrecken. Ich nahm ihn kurzerhand aus dem Käfig, beruhigte ihn und setzte ihn neben mir in der Küche ab, wo er fröhlich begann herumzuhoppeln und mir bei der Zubereitung meines Abendessens zuzusehen. Doch so ruhig er bei mir in der Küche saß, sich ab und zu sein dunkles, mähniges Fell glatt strich, so unruhiger wurde es im Terrarium im Schlafzimmer.

Die Echsen klopften aufgeregt gegen die Scheibe, als wären sie auch gern dabei. Auch sie nahm ich heraus, beruhigte sie und nahm sie mit in die Küche, in der sie sich mit Kaninchen beschäftigten und so ging ich meinem Vorhaben endlich weiter nach.

Im Hintergrund lief französische Musik. Ich setzte mich mit diverser Fachliteratur ausgestattet in mein Wohnzimmer und aß, wobei ich die positionierten Bücher durchblätterte, um mir einen Überblick über die Literaten der späten Romantik zu verschaffen. Doch mein letzter Löffel bissfesten Reis mit Fleisch und Wokgemüse blieb mir im Hals stecken, als ich im Blickwinkel die kleine Spinne wiederentdeckte.

Sie schob, mir schräg gegenüber, ihre Säckchen unter Mühen über den Teppichboden Richtung Regal, das so gestellt war, dass rechts zur Wand noch etwas Platz für Dekogegenstände blieb, die ich so liebe.

Vor Kurzem hatte ich mir trockene Pflanzen gekauft, in der neuerdings eine kleine, beige Hängematte aufgehängt war, darüber ein kleines Segel, das vor Regen schützen konnte oder Gemütlichkeit herstellen sollte. Darunter auf dem Boden stapelten sich mehrere kleine Säckchen zu einem Haufen. Einige davon waren geöffnet. Winzige Einrichtungsgegenstände lagen im näheren Umkreis verteilt.

Die Spinne schaffte die offenbar letzte Säckchenladung in die Ecke zu ihren anderen Habseligkeiten, sah mich ganz kurz an, grüßte freundlich und blieb beschäftigt.

Als ich später ins Bett ging hörte ich die Spinne immer noch krabbeln und kramen und manchmal ließ sie auch ihre kleine Stimme ertönen, um einen Anstrengungslaut von sich zu geben.

Einschlafen konnte ich an diesem Abend nur schlecht, weil sie bis spät in die Nacht werkelte und hämmerte.

Ich sah zwischendurch noch einmal nach, ob sie auch wirklich da war, aber getäuscht hatte ich mich nicht.

Kurz nach Sonnenaufgang klingelte mein Wecker. Auf meinem Weg zur Dusche sah ich, dass sie schnarchend in ihrer Hängematte lag. Drei Beinchen baumelten über dem Rand herunter. Sie war sicher geschafft von der vergangenen Nacht.

Die Säckchen waren alle leer und lagen sorgfältig zusammengelegt hinter einer Vase. Neben der Vase, so erkannte ich, als ich mir den Schlaf aus den Augen rieb, hatte sie ein paar winzige Bilder an die Wand genagelt. Auf einem der Winzlingsbilder waren viele Spinnen in Nikkipullovern abgebildet.

Wahrscheinlich war dieses Foto in den 1980ern geschossen worden. »Für Cecile - vergiss uns nicht«, stand in kritzelkleinen Lettern darauf geschrieben. War das wohl ihr Name?

Als ich aus dem Bad kam, hing ich zwischen Verärgerung

und Irritation fest. Im Badezimmer hatte sich Cecile nämlich ebenfalls eingerichtet. Sie hatte sich auf der Ablage unter dem Spiegel eine kleine Zahnpasta und Zahnbürste hingelegt, dazu ein kleines Kästchen für ihre lose Zahnklammer und in der Dusche, man glaubt es kaum, standen tatsächlich Mini-Shampoofläschchen und Duschgel.

Bevor ich meine Wohnung verließ, schaute ich noch einmal nach ihr. Sie hatte sich in ihrer Hängematte gedreht und hing nun mit geöffnetem Mund, leise schnarchend, mit dem Köpfchen über den Rand ihrer Schlafgelegenheit.

An jenem Abend kam ich später als gewöhnlich nach Hause.

Die Spinne hatte eine Lasagne für mich vorbereitet und ein Glas Rotwein für mich neben die Vase mit Pigus Gerbera hingestellt, zusammen mit einer kleinen Klappkarte. Darauf entschuldigte sie sich lieb dafür, so einfach bei mir eingezogen zu sein, aber sie hätte gedacht, die Wohnung sei unbewohnt, als sie sie Menschenleer vorgefunden hatte. Ich solle aber unbesorgt sein, sie würde nicht viel Platz brauchen. Unterschrieben war die Karte tatsächlich mit einem geschwungenen Cecile.

Cecile selbst hatte in ihrer Ecke einen kleinen Tisch aufgebaut auf dem ein paar naive Malbücher und Wachsstifte lagen. Sie schien gar nicht so kindlich zu sein, aber wer weiß schon, was Spinnen so treiben?!

In den darauffolgenden Tagen war ich so gut wie gar nicht zu Hause, bloß zum Schlafen, denn ich hatte furchtbar viel zu tun. Und als der Stress in der Woche darauf etwas nach ließ, ich wieder früher nach Hause kam, roch es eines Abends in meiner ganzen Wohnung nach Nagellackentferner und Zigarrenrauch.

Ich wunderte mich sehr, als ich ins Wohnzimmer kam und Gelächter vernahm. Cecile hatte sich zwei Freundinnen eingeladen. Sie hatten sich die kleinen Spinnenbeinchen lackiert und saßen nun, zu vorgerückter Stunde, mit Zigarren in den Mundwinkeln um den kleinen Tisch herum, kicherten beschwipst und spielten Skat.

Leicht angesäuert darüber, dass sie mich nicht eingeladen hatte, fiel mir die Kinnlade hinab.

Sie bemerkten mich und machten mich ohne Begrüßung auf einen Stapel ungeöffneter Rechnungen aufmerksam, die ich wohl wissend in eine Ecke geworfen hatte, um sie nicht zu sehen.

Da wurde ich böse und verzog mich in mein Schlafzimmer.

Cecile rief mir zu, ich solle nicht so unorganisiert sein.

Ich schlief beleidigt ein.

Der Gipfel ereignete sich allerdings wieder eine Woche darauf.

Ceciles Ecke stand leer und sie antwortete auch nicht auf mein Rufen. Also nahm ich mir eine Packung Lakritzbatzen und betrat mein Schlafzimmer, um den Abend vor dem Fernseher zu verbringen. Da saß die kleine Cecile nicht in meinem Bett?

Sie hatte es sich unter meiner neuen Sommerklima Bettdecke gemütlich gemacht. Links von ihr lag eine offene Tüte Chips auf dem Bettlaken, deren Inhalt sie sich krümelnd von oben in ihren schmatzenden Rachen schob, zu ihrer Rechten ein paar leere Bierdosen und ein überquellender Aschenbecher. Auf dem Kopf ein verknotetes Tuch, unter dem sie ihre Haare auf meine Heißwickler aufgedreht hatte um ihnen neue Form zu verleihen.

In einer ihrer kleinen Hände lag die Fernbedienung.

Ein salopper Gruß flog mir entgegen, gefolgt von einem kleinen Rülpser. Sie hatte tiefe Augenränder.

Sie fühle sich irgendwie krank, teilte sie mir mit. Aber eigentlich habe sie gerade erfahren, dass sie nun Hartz 4-Empfängerin sei und das, wo doch so viele Anschaffungen anstanden. Sie hätte sich daher auf meinen Namen einen neuen Laptop und DSL bestellt, den sie schließlich brauchen würde, um wieder Arbeit finden zu können und sie fragte abschließend, ob ich eine Kopfschmerztablette für sie hätte, sie habe keine finden können.

Still vor Empörung holte ich ihr eine Tablette und ein Glas Wasser. Ich stellte es neben ihr ab, legte die Tablette daneben, beobachtete, wie sie beides zu sich nahm und sich dann anschickte, kurz das Bett zu verlassen. Während dessen moserte sie, das Wasser sei von der Menge her zu viel und auch noch aus der Leitung und ungefiltert gewesen; sie müsse mal und außerdem wäre ihr schlecht. Auf dem Weg ins Bad erinnerte sie mich freundlicher Weise noch einmal an die ungeöffneten Rechnungen, die an Zahl und Volumen zugenommen hatten.

Mit schüttelndem Kopf richtete ich mein Bett wieder her, saugte die Krümel mit meinem Handstaubsauger vom Laken und begann mürrisch die ungeöffneten Briefe zu öffnen.

Als Cecile von der Toilette zurückkam und sich am Steiß kratzend zu meiner ungeliebten Beschäftigung äußerte, mit den Worte: Na bitte, das werde aber auch Zeit, wir könnten schließlich darauf verzichten, auch noch ohne Strom auskommen zu müssen, jetzt wo sie keine Arbeit mehr habe, packte mich die Wut und ich warf meinen Brieföffner nach ihr.

Natürlich verfehlte ich sie und sie pöbelte mit rauer Stimme, ich solle mich mal nicht beschweren, immerhin sei sie diejenige, die keine Arbeit hätte.

Mir platzte der Kragen und ich verbrachte das erste Mal eine unbequeme Nacht auf meinem Sofa im Wohnzimmer. Während der Mond zum Fenster hereinschien und aus meinem Schlafzimmer die Geräusche von Horrorfilmen an mein Ohr sprangen, grübelte ich darüber, wie sich diese kleine Person so erdreisten konnte.

Ich beschloss, am nächsten Tag mit meinen Freundinnen Susi und Flusi darüber zu sprechen, die mir zunächst nicht glauben wollten, dann jedoch nachgaben und mich beratschlagten.

Schussendlich kehrte ich mit der Entscheidung zurück nach Hause, Cecile anzubieten, ausziehen zu können.

Susi hatte ein freies Zimmer im Verbindungshaus ihres Freundes ausmachen können, in das Cecile vorübergehend einziehen konnte. Doch Cecile lehnte ab, mit der Begründung, es sei noch nicht Zeit für sie, sich von mir zu trennen.

Ich weiß gar nicht mehr genau wieso, aber ich nahm es einfach hin.

Danach verstrichen ein paar ruhige Tage.

Cecile und ich sprachen nicht viel miteinander. Wir übten uns darin, über einige dieser Momente hinwegzukommen, in denen peinliche Stille aufkam. Und dann eines Tages kamen meine Echsen zu mir in die Küche, als ich Fertignudeln aufbrühte. Echse eins und Echse zwei beschwerten sich tatsächlich bei mir darüber, dass Cecile ihnen erzählt habe, sie gehören gar nicht in ein Terrarium, sondern in freie Wildbahn. Sie hätten sich schon lang gefragt, was ich hinter dem schrägen Fenster vor ihnen verstecken würde und wo ich hinging, wenn ich die Wohnung verließ.

Sie wollten ebenso wie ich die Wohnung verlassen und heimkehren können und jeder einen Schlüssel haben, damit sie nach Belieben ein und ausgehen konnten.

Als ich Cecile zur Rede stellte, las sie gerade die Tageszeitung. Sie legte sie nicht einmal beiseite, sondern antwortete nur flapsig, ich solle mal überlegen, ob es nicht an der Zeit wäre, anderen dasselbe Recht einzuräumen, die Dinge zu tun, die ich ebenso tu und für selbstverständlich halte.

An diesem Tag ist mir endgültig der Geduldsfaden gerissen. Wütend und katzengleich, wie ein Tiger in seinem Käfig, streifte ich in meinem Wohnzimmer hin und her und führte einen lauten Monolog über all das, was mich störte und sich aufgestaut hatte. Ich beendete meine lauten Ausführungen mit einem Satz darüber, dass es mir schon lange gewaltig stank, dass einige Dinge sich von ganz allein zu entwickeln schienen und dass ein paar wasserfeste Entscheidungen getroffen werden mussten, denn so könne es nicht weiter gehen.

»Ich sehe, du hast dazugelernt«, sagte Cecile trocken, drückte ihre Kippe aus und verschwand ohne ein weiteres Wort in ihrer Ecke.

Noch in derselben Nacht zog sie aus meiner Wohnung aus.

Ich bemerkte es erst am nächsten Morgen, als ich nach dem Aufstehen schnurstracks ins Bad ging und sah, dass alles wieder auf seinem alten Platz zu sein schien und das kleine Shampoo sowie die winzigen Zahnputzinstrumente fehlten.

Die Ecke rechts neben dem Regal und der Wand, wo noch etwas Platz für Dekogegenstände geblieben war, die ich so liebe, war leer geräumt. Cecile war nicht mehr da.

Meine Echsen lagen faul in ihrem Terrarium und teilten mir mit, sie hätten es sich überlegt, sie wollten doch lieber keinen Schlüssel haben, weil es ihnen so auch ganz gut gefiel, obwohl sie dafür dankbar waren, dass ich es zumindest in Erwägung gezogen hatte, ihnen einen nachmachen zu lassen.

Kopfschüttelnd setzte ich mich mit einem Kaffee in der Hand auf mein Sofa.

Da fiel mir auf, dass ich das morgendliche, kleine Schnarchen etwas vermisste. Ich sah eine Weile dorthin, wo Ceciles Bilderrahmen kleine dunkle Ränder an der Wand hinterlassen hatten. Dann sah ich mich um und bemerkte, dass alles, was ich bisher in die Ecken geschoben hatte, um es nicht bemerken zu müssen, fort war. Die Ecken waren wieder leer und aufgeräumt.

Ich konnte meinen Tag ganz frei von Altlasten beginnen. Das war neu. Es fühlte sich ungewohnt an, aber dennoch gut. So lehnte ich mich mit einem erleichterten Seufzer in die Kaffeetasse zurück und ließ meinen Blick sorgfältig über meinen neu erfundenen Hausfrieden gleiten, als ich etwas seltsames bemerkte.

Es beunruhigte mich jedoch nicht: an der Stelle, an der Pigus Gerbera gestanden und so lange geblüht hatte, stand eine leere Vase.

Cecile musste die Blume mitgenommen haben. Ein einzelnes Blütenblatt war zurück geblieben, das ich seitdem sorgfältig aufbewahre.

Pigu sah ich danach nicht wieder, er blieb wie vom Erdboden verschluckt und manchmal erinnere ich mich an ihn, wenn ich Fahrstuhl fahre.

Ich wünsche mir Cecile nicht zurück, aber durch sie fällt es mir leichter rechtzeitig Entscheidungen zu treffen, bevor jemand anderes sich anschickt einzudringen und über mein Leben zu bestimmen.

Sachen aufzuschieben oder gar zu ignorieren kann zur Folge haben, dass sie uns irgendwann den Schlaf rauben, sie die kleine Cecile. Das liegt daran, dass wir um die Dinge wissen, sie aber nicht in Angriff nehmen. Stattdessen werden sie so lästig und mächtig, dass sie Einfluss auf uns nehmen.

Mach Schluss damit. Fertige eine Liste der Dinge an, die du schon lange erledigen wolltest.

Nimm dir nun einen Punkt aus deiner Liste und erledige ihn sofort. Das war der erste Schritt. Es wird dich erleichtern. Die anderen werden dir genau so leicht fallen.

Mach den ersten Schritt

Wie ein getrockneter Schmetterling

17

Bis zum Herbst letzten Jahres dümpelte mein Leben sprichwörtlich vor sich hin wie eine Gummiente auf dem Wasser. Ich stand morgens auf, fuhr mit der Tram zur Arbeit und kam am Abend wieder zurück nach Hause. Meine Freunde riefen mich schon seit Monaten nicht mehr an und ich tat es andersherum ebenso wenig.

Zu jener Zeit wollte ich für mich sein, mein Leben mit mir selbst bestreiten und meine Tage ganz allein verbringen.

Doch gerade dann, wenn man sich erst einmal vorgenommen hat an nichts mehr zu denken, seinen Geist auf Scheinaus geschaltet hat und sich weder etwas wünscht, noch nach etwas auf der Suche ist, wenn einen nichts mehr berührt, weil man alle Tore geschlossen hat, stößt das Leben einem in die Seite und meldet sich zurück. Mal in Form eines Schrankes, der einem auf den Fuß fällt, oder eben in Gestalt einer schönen jungen Frau: Yuen.

Die Tram war wie allmorgendlich gerammelt voll. Hinter mir eine ältere Dame, die mit ihrem Stock an meinen Nieren schabte, vor mir ein Kind, das leichthin und unschuldig mit seinem Speichel in den Kinderwagen kleckerte und mit einem Mal ging ein Ruck durch den Bus.

Oma presste ihren Stock tief in meine Niere, das Kind stoppte sein Sabbern und eine Chinesin trat mit ihrem Absatz auf meinen Mittelfuß.

Die Seite oder einen Zeh hätte ich in letzter Sekunde fortziehen können, den Mittelfuß jedoch nicht, weil er aufgespießt wurde wie ein getrockneter Schmetterling.

Es begann also mit einem Schmerz im Fuß, der bei ihrem Augenaufschlag und dem Wiedergutmachungskaffee zu einer Hoffnung heranwuchs.

Ihre Höflichkeit hinterließ stille Gedanken in meinem wiedererwachten Kopf, die sich dann zu verhaltenen Begrüßungsworten verwandelten, als wir uns nach einer Woche zufällig wiedertrafen in der Straßenbahn.

Dieser Hall ging dann in ein schallendes Lachen über, als das Schicksal uns erneut zusammentreffen ließ, an einer verlorenen Haltestelle nahe des abgelegenen Friedhofes.

Wir tauschten Telefonnummern, doch sie nutzte sie nicht. Nicht am Mittwoch danach und auch nicht am darauffolgenden Wochenende. Als ich es dann statt ihrer probierte, schien sie überrascht und dankbar, von jemandem zu hören, der sie auf andere Gedanken bringen konnte.

Wir trafen uns auf einen zweiten Kaffee in der Bäckerei an der Ecke, neben unserer Unfallstelle.

Sie sah mitgenommen aus, trotzdem sehr hübsch. Sie sagte, ihrem Vater ginge es sehr schlecht. Er sei kurz nach unserer letzten Begegnung umgefallen und läge nun in einer Klinik.

Nachdem der Kaffee ausgetrunken war, gingen wir auseinander, als hätten wir uns nicht getroffen und als hätten wir nicht vor, es je wieder zu tun - ohne besonderen Grund, denn wir gaben einander bloß die Hand zum Abschied.

Doch die Frage, wie es Yuen gehen mochte und ob sich die gesundheitliche Lage ihres Vaters verbessert hatte, schwollen in mir an wie ein lauter Ausruf, den man erst zurückhält und dann sorgfältig plant.

Sie rief mich auch weiterhin nicht an. Ich ließ ihr Zeit sich zu erholen, sich zu kümmern.

Eine, zwei, vielleicht drei Wochen vergingen und mein Gelüst nach dem Ausruf ging wieder zurück. Trotzdem behielt ich die Hoffnung, dass wir uns wiedersehen würden.

Im November besuchte ich dann den Friedhof, über Weihnachten hielt ich der schönen Halbfremden einen Platz in der Tram frei, für den Fall, dass sie einstieg.

Kurz nach den heiligen drei Königen meinte das Schicksal es endlich wieder gut mit mir. Yuen rief mich unvermittelt an.

Sie bat mich, zu ihr zu kommen.

Ich kaufte ihr Blumen, die sie lächelnd entgegennahm und wenig liebevoll in einen Glaskrug stellte.

In ihrem Wohnzimmer wimmelte es von Zeichnungen, Papieren, Bücherstapeln und Entwürfen für ihre Arbeit.

Ich konnte keinen Schritt tun, ohne zerknülltes Papier mit dem Fuß zur Seite zu schieben oder wichtig aussehende Notizen betreten zu müssen. In der Mitte des Raumes ein weicher Teppich, auf dem ein Mini-Computer stand und unterwärts nach Luft rang.

»Ich bin dabei, ein Projekt für meine Arbeit umzusetzen«, sagte sie und bot mir ein Sitzkissen an. »Ich weiß gar nicht, wo mir der Kopf steht, denn je mehr ich an der Aufgabe herumlaboriere, desto weniger will ich davon wissen.«

Ich rückte mein Kissen zurecht und blickte interessiert auf etwas, das für meine Augen aussah wie ein böhmischer Wald aus Papier - wie eigentlich alles in dieser Wohnung, mit Ausnahme des Teppichs.

»Was ist es denn?«, fragte ich und bot ihr meine Hilfe an, doch Yuen winkte ab.

»Eine neue Seite fürs Internet soll's werden. Ein Kennenlern-Portal.«

»Die gibt es doch zuhauf.«

»Ja, aber dieses Projekt«, sie verzog ihren Mund bedeutsam, »soll alle bereits vorhandenen in den Schatten stellen. Hier geht es um Liebe.«

Ich wunderte mich sehr und fragte sie, ob es darum nicht immer gehe.

Sie schüttelte entschlossen ihren Kopf und sah mich beinahe erstaunt an. »Das ist aber nicht richtig. Denn eigentlich geht es im Netz bisher nur darum, einen Kontakt herzustellen. Und seien wir mal ehrlich: Die meisten Kontakte verlaufen im Sand. Unsere Augen grasen ein Profil ab und wir legen fest, ob jemand interessant wirkt oder nicht. Dann schauen wir auf die Details und entscheiden, ob ein Profil interessant bleibt oder nicht. Schafft es eines durch diese ersten Filter, geht's in den elektronischen Kontakt. Und hier liegt die Schwierigkeit.«

Sie setzte sich neben mich und zog den Bildschirm des Computers in unsere Richtung. Als der Bildschirmschoner ausging und den Rechner zur Benutzung freigab, sprangen mich etwa zwanzig geöffnete Chatfenster an. Eines war bunter als das andere. Einige davon inaktiv, andere aktiv, manche gaben Geräusche von sich oder wurden soeben von fremden Profilinhabern bedient, was anhand kleiner Hinweistexte im jeweiligen Fenster signalisiert wurde.

Yuen strich mit ihrem Finger über die geöffneten Dialoge. »All diese Leute sind der Meinung, wir sollten einander besser kennenlernen.«

»Wie gesagt, darum geht es ja, wenn man online ist, um jemanden zu finden«, sagte ich.

»Richtig«, stimmte sie zu und verschränkte ihre Arme vor der Brust. »Was hinzu kommt ist, dass sie alle bereits nach kürzester Zeit Anwandlungen bekommen.«

»Anwandlungen? Welcher Art?«

»Nun, der hier«, sie ging mit dem Cursor auf ein grünes Fenster, »sagt, ich sei eine wundervolle Frau. Der hier«, sie aktivierte ein violettes Fenster, »hat mir gestern online sein Herz geschenkt. Ich möge gut darauf aufpassen, schrieb er. Und der dort«, ein gelbes Fenster wurde von ihr angesteuert, »sagte mir zwei Minuten, bevor du zur Tür hereinkamst, ich würde ihm viel bedeuten und müsse mich schon entscheiden. Am besten natürlich für ihn. Immerhin sei er bereit, etwas zu riskieren und die Abstände in dem ich ihm schriebe, wären zu lang, daher vermute er, ich hätte Kontakt zu anderen Männern, was seiner Vorstellung nach nicht ginge.«

Mein Kinn schob sich unweigerlich nach hinten. »Aber es geht ja, wie man sieht.«

»Ja natürlich. Seiner Vorstellung von Beziehung widerspricht es jedoch.«

Ich wiederholte erstaunt das große Wort ‚Beziehung‘ und versah es sprachlich mit einem Fragezeichen.

Sie nickte und klappte den Laptop kurz entschlossen zu. »Beziehung! Das muss man sich mal vorstellen.«

»Allerhand, wirklich. Aber wo ist jetzt das Problem?«, fragte ich sie. „Du kennst die doch alle gar nicht näher. Ich gehe nicht davon aus, dass du ihnen deine Telefonnummer gegeben hast oder ihnen mitgeteilt hast, wo du…«

»Im Leben nicht!«, unterbrach sie mich und schob nach: »Traurig, oder? Künstliches Schicksal mit den falschen Personen.«

Ich rückte ein wenig näher und stützte meine Hand nahe ihres Knies auf. »Dann halt dich an die richtigen Personen, die dir das Schicksal geschickt hat.« Hiermit lehnte ich mich schon etwas weit aus dem Fenster, das war mir bewusst. Hätte ich jedoch gewusst, was kommen würde, wäre ich zu diesem Zeitpunkt nicht näher an sie heran gerückt. Zumindest noch nicht.

Ihr Blick wurde von einer unbestimmten Plötzlichkeit wachsam und Yuen setzte sich aufrecht hin, hatte sie bisher doch eine entspannte Körperhaltung eingenommen. Ich erkannte dies Signal zu spät. »Warum also hast du mich angerufen? Um dir zu helfen oder …«

Sie unterbrach mich blitzschnell. »Oder was?«

»Oder weil du mich wiedersehen wolltest?«

»Jonas, dies ist nicht der rechte Zeitpunkt, um Anwandlungen zu bekommen.«

Ich lachte leise, denn ich dachte, sie würde einen Scherz machen. »Zumindest bin ich wirklich und nicht elektronisch, wie die Männer dort.«

»Richtig. Aber die kann ich einfach zuklappen, wenn es mir genügt«, versetzte sie.

»Hast du ja gerade getan.«

»Ja, und ich würde es wieder tun«, sagte sie warnend.

Kurz schlich Stille zwischen den Papierstapeln umher. Dann wich Yuen nach links und sagte im Aufstehen: »Durstig? Was möchtest du trinken?«

Ich war überrascht von ihrem Abrücken und setzte mich in den Schneidersitz. »Nein, eigentlich nichts. Ein Wasser vielleicht.«

»Gut.« Sie verschwand in der Küche und rief mir von dort aus zu: »Ich habe Kuchen gebacken. Chinesischen Schwammkuchen. Ich schwöre dir, etwas so Leckeres hast du noch nirgends gegessen.«

Während Yuen von der Küche aus laut über die Zutaten ihres Kuchens referierte, stand ich auf und setzte mich auf einen Schaukelstuhl. Daneben lagen Ratgeber mit den Titeln »Instand love«, »Der Chat, deine Chance für die Liebe« oder »Fake-Filter - Tipps und Tricks, sich Idioten vom Hals zu halten.«

Als Yuen mit einem Glas Wasser in der einen und zwei übereinander gestapelten Kuchentellern in der anderen Hand zurückkehrte, legte ich die Bücher zur Seite und amüsierte mich still darüber. Sie machte eine entschuldigende Geste und reichte mir den Kuchen.

»Was sind das nur für Bücher?«, wollte ich wissen.

Sie kam nicht zu mir, lehnte sich stattdessen gegen den hohen Bistrotisch am Fenster. »In jedem einzelnen steht geballter Schwachsinn«, erwiderte sie trocken und gabelte an ihrem Kuchen herum. »Wobei ich es schon interessant fand, die Faker auch als solche identifizieren zu können. Allerdings hat man eigenes Gespür entwickelt, wenn man nur fünf Tage lang online gewesen ist. Das kann ich mit Gewissheit sagen. Trotzdem sind die Verkaufszahlen dieser Bücher ganz enorm.« Yuen zuckte kauend mit den Schultern. »Selbsthilfe eben.«

Ich nahm einen Bissen und stellte den Teller auf den Bücherstapel. Dann erhob ich mich vom Schaukelstuhl, um zu Yuen an den Tisch zu gehen, und lehnte mich neben ihr an.

Yuen zog die Schulterblätter merklich an, sodass sich ihre Schlüsselbeine im Ausschnitt abzeichneten.

»Du wirkst verspannt.« Zögerlich führte ich meine Hände zu ihren Schultern und stellte fest, dass sie tatsächlich sehr angespannt war. Ihr Rücken fühlte sich unter meinen Händen an wie ein Schildkrötenpanzer.

Ich begann das Schild mit sanftem Druck aufzuweichen.

Yuen ergab sich einen Moment lang, ließ ihren Kopf nach vorne sinken und schloss die Augen.

Nun, da ich neben ihr stand, verströmte sie den unglaublich betörenden Duft von marokkanischen Rosen.

»Um ein Projekt zur Liebe zu schaffen, fehlt es dir an Ausgeglichenheit. Das spüre ich in deinen Schultern.«

Sie schoss abfällig Luft durch die Nase.

»Wer unter Strom steht, legt entweder einen Kavalierstart hin oder braucht eben länger. Da dir Ersteres nicht geglückt zu sein scheint, nehme ich an, du wirst noch ein, zwei Wochen benötigen, um auf die richtige Formel und auf den Sinn zu kommen, den du für deine Arbeit ausgestalten sollst.«

Sie öffnete ihre Augen wieder und härtete ihren Panzer von innen. Dabei sah sie eine kleine Weile auf den Boden und erwiderte beinahe betrübt: »Vielleicht auch ein Leben lang.«

Ich weiß nicht mehr, was in mich fuhr, doch ich legte meinen Arm um ihre Schulter und küsste sie auf die herabhängende

Stirn.

Noch einen Moment lang verharrten wir in dieser Trautheit. Ein Moment, der genügend Zeit bot, ihr über den Rücken zu streicheln, der genügend zweisame Nähe schuf, um mit der anderen Hand über ihren Arm nach oben vorzukommen und ihren von Schwermut befangenen Kopf am Kinn etwas zu lüften, sie zärtlich an der Wange zu spüren und sie schließlich zu küssen. Ich glaube fest daran, dass sie in eben diesem Moment gelächelt hat, bevor wir uns küssten. Doch dann schnellten ihre groben Panzer wie Schiebetüren zu und Yuen drehte sich aus der Berührung heraus.

Sie sah mich fassungslos an. »Was war das?«

Ich überlegte nicht lang. »Ein Kuss.«

Sie legte ein wissendes Gesicht auf und zeigte in irgendeine Richtung, als sei der Kuss ein Welpe, der auf dem Boden saß. »Das weiß ich. Aber warum machst du das?«

Ich wusste ihr nicht recht zu antworten und deutete eine Frage mit dem Gesicht an.

»Ein Kuss ist nicht einfach ein Kuss«, sagte sie schließlich. »Jedenfalls nicht zwischen dir und mir.«

»Doch, es war einfach ein Kuss«, erwiderte ich.

»Nein Jonas. Das geht nicht.« Sie wich einen Schritt nach hinten und strich sich kurzdenkerisch über die Nase. Ich wollte ihr hinterher gehen, doch Yuen wies mich mit einer Handbewegung an stehenzubleiben.

»Ich bin doch niemand, der aus dem Internet aufgetaucht ist, um dir sein Herz aufzudrücken«, suchte ich sie zu beruhigen.

»Ich weiß eigentlich gar nicht, wer du bist.«

»Doch«, antwortete ich leise. »Ich bin der, auf dessen Fuß du gestiegen bist, weil die Tram die Zähne zeigte und ruckte. Der, den du zur Entschuldigung zum Kaffee eingeladen hast und den du wieder getroffen hast am Friedhof und in der Tram. Der, den du angerufen hast, damit er dir heute Abend bei etwas helfen sollte.«

»Anwandlungen helfen mir herzlich wenig, um ehrlich zu sein«, biss sie in die Luft. „»Sie blenden, wenn man sich darauf einlässt.«

Nun war ich ohne Fassung. Was hatte ich denn getan, dass sie einen solchen Satz von mir fort übte?

»Da sind zwei Leute - du und ich - die sich auf einem Kurs aufeinander zu bewegen, die einander wirklich mögen, sofern ich das beurteilen kann«, wandte ich ein. »Aber offensichtlich steht irgendetwas dazwischen, das wir beide nicht richtig verstehen. Vielleicht hätte ich dich nicht küssen sollen, aber …«

Sie schnitt mir das Wort ab: »Vielleicht hättest du gar nicht kommen sollen!«

Entschlossen stemmte ich mich gegen das Gesagte. »Yuen, du hast mich eingeladen. Du hast mich angerufen. Bleiben wir bei den Fakten.«

»Ja gern. Fakt ist: ich habe dich nicht hergebeten, damit du mich küsst.«

»Warum dann?« Ich sah meine aufgeblühten Erwartungen welken.

»Weil ich eine Meinung brauchte und keine Blumen«, erklärte sie aufgebracht.

Dieser Tritt saß tief. »Die Blumen sind landläufig als Aufmerksamkeit bekannt. Sie sind ja nicht gleichbedeutend mit einem Trauring. Was ist nur los?«

So sehr sie bis eben noch mit dem Blick nach etwas auf dem Boden zu suchen schien und so sehr sich Yuen bemüht hatte, wieder Fassung zu erlangen, so gerade machte sie sich in jenem Moment und sah mir nicht bloß ins Gesicht, sondern mit lodernder Aura mitten ins Herz. Ihr Gesicht verzog sich zu einer Maske, deren Kanten tief in mein Gemüt hinein schnitten. »Das hier ist nichts für dich und mich«, sagte sie verächtlich und ich sah sie verständnislos an.

In ihrem Gesicht spielten sich Dinge ab, die ich nicht verstand, und ihr Blick wurde mit jeder Sekunde härter. »Liebe ist nichts für dich und mich. Ich sehe es eher politisch.«
Ich wiederholte sie beinahe empört.

Sie reagierte nicht darauf. Stattdessen zog sie untermauernd einen Stuhl an ihre Seite, vielleicht um größer zu wirken.

»Wie kannst du das tun?«, wollte ich wissen. »Ich habe dir nichts Böses getan. Ein einfaches 'Hey, das lassen wir lieber' hätte es auch getan. Ein Lächeln, vielleicht Verständnis für eine Situation, in der ich von falschen Voraussetzungen ausgegangen sein mag«, begann ich mich zu rechtfertigen.

»Na schön. Das lassen wir also lieber«, schoss es aus Yuen heraus wie ein Geschoss aus einer Harpune.

Da sie sich nicht scheute, Direktheit an den gebrochenen Abend zu legen, hielt ich mich ebenso wenig zurück: »Es war nur ein Kuss, nichts weiter. Ein Moment, nichts weiter. Und du wirkst, als wäre dir eine Tür in die Finger gefallen. So, als würdest du aufschreien und mich treten, weil ich die Tür bin.«

»Nein, das tu ich nicht. Ich versuche mich beispielhaft zu verhalten. Ich versuche alles so zu lassen, wie es ist«, entgegnete sie entschlossen und ließ den Stuhl auf den Boden stampfen.

»Hier läuft etwas schief«, merkte ich erhitzt an und machte eine Abstandsgeste. Dann zog sich mein Gesicht von aufsteigender Wut getrieben zusammmen. »Du kannst doch nicht allen Ernstes davon ausgehen, dass alles so bleibt, wie es ist.«

»Warum nicht? Ich habe dir ja keine Avancen gemacht«, versetzte sie kühl. Die plötzliche Kälte zwischen uns ließ die Luft krachen.

»Verstehst du das nicht?«, hakte ich verständnislos nach.

»Du hast gesagt, du bist hier um zu helfen. Was sollte das

deiner Meinung nach bedeuten, wenn ich dir etwas über mein Projekt erzähle und du mich plötzlich küsst?«

»Du hast mir gar nichts über dein Projekt erzählt, außer, dass du dich nicht darauf verstehst, etwas zum Thema Liebe zu schaffen. Ich dachte, ich bin hier, damit wir uns ein Stück weiterbewegen. Auf einander zu vielleicht, aber wir gehen stattdessen voneinander fort. Was meinst du, wo das sonst enden soll?«

Sie und ihr Stuhl blieben regungslos stehen. »Es endet genau hier. Zunächst zumindest.«

»Zunächst? Was soll das bedeuten?« Mein rapide lückenhafter werdendes Latein sah seinem Ende entgegen und ich rief verzweifelt aus: „Du kannst nicht beides haben. Du kannst mich nicht anrufen, wenn dir danach beliebt und von mir etwas zum Thema Liebe wissen wollen, um mich dann als deinen Freund zu engagieren. Das funktioniert so nicht.«

»Warum nicht?«

»Weil uns etwas verbindet.«

»Das tut es nicht«, log sie und wies mich stumm aus der Tür.

Ich verließ den erst zur Hilfe erdachten und dann zur Kampfarena verwandelten Platz.

Kopflos, ohne Zuversicht übertrat ich ihre Schwelle, als wäre ich auf der Flucht vor dem Tod.

Danach regnete es sehr viel. Ich ertrug den Regen auf dem Hinterhof, den ich von meinem Balkon aus sehen konnte, nur schwer. Ich rief ein paar Freunde an.

Sie waren erfreut, von mir zu hören.

Ich traf sie sogar und freute mich ebenso darüber. Als ich wieder allein war, spürte ich, wie viel Salz Yuen in mein zerrissenes Herz gestreut hatte. Einen Kriegsschauplatz hinter sich zu lassen, ohne zu wissen, woher dieser Krieg rührt, wirft mehr Fragen auf, als in einer Enzyklopädie oder als je in ‚Schützen Sie sich von Internet-Schrott-Gestalten' geklärt werden konnten.

Tagelang prallte ich mit voller Wucht auf mein Gefühl zurück, auf die Enttäuschung, auf das Missverständnis.

Auch wenn ich bereit gewesen war zu denken, dass ich wieder hergestellt war, alles wieder in Ordnung gehen würde.

Der Regen wusch nur die Straße. Mein Gemüt blieb lange Zeit so angebrochen wie nach dem Abend bei Yuen.

Was mich am meisten verletzt hatte, war, dass sie die Nähe erst zugelassen und wieder abgeworfen hatte, wie einen alten Mantel. So viele Worte blieben ungesagt hinter der Fensterscheibe stehen, als ich sie Wochen später die Straße entlanglaufen sah, obwohl ich ihr einen Platz in der Straßenbahn frei gehalten hatte.

Es regnete noch immer. Es war hart damit umgehen zu müssen, wenn ich unseren gemeinsamen Weg durch die öffentlichen Verkehrsmittel allein nehmen musste.

Jede Woche, etliche Wochen lang bis Yuen sich an mich zu erinnern schien und da saß, um eines Tages mir einen Platz frei zu halten. Das war im Mai nach diesem schrecklichen Eissturm in ihrem Wohnzimmer.

Seitdem sind wir ein Paar und auch wenn ich Angst davor habe, dass Yuens Kälte zurückkehrt, mir wieder Eissplitter in mein Herz eintreten und alles zum Stillstand bringen könnten, so will ich doch daran glauben, dass das Schicksal es gut mit mir gemeint hat, als Yuen mir auf den Mittelfuß trat und ihn aufspießte wie einen getrockneten Schmetterling, damals in der Straßenbahn.

Schreibe auf, an wen du gerade denkst:

Ich denke gerade an

Die letzte Aufgabe...

Du hast jetzt ganz zum Schluss den Namen eines Menschen aufgeschrieben, den du sehr lieben musst, denn in der letzten Geschichte ging es um Liebe.

Weiß dieser Mensch, das du ihn liebst?
Deine letzte Aufgabe ist, diesem Menschen zu sagen, dass du ihn sehr liebst. Das ist wichtig für deinen Frieden. Sehr wahrscheinlich ist es für diesen Menschen auch sehr wichtig oder ganz einfach schön.
   Wenn er es nicht erfahren soll, dann zeige ihm durch eine Geste, dass du ihn gern hast.
   Und wenn dieser Mensch leider nicht mehr unter uns weilt, dann sieh genau jetzt von diesem Buch auf und schau in den Himmel. Denk ganz fest an ihn.

***

Nun sind wir am Ende unserer Lesereise angelangt. Kurzgeschichten sind manchmal schwierig zu handhaben und deshalb nicht bei allen besonders beliebt. Sie werfen dich in eine Geschichte hinein und ganz plötzlich wieder aus der Handlung, wie einen ungebetenen Gast. So ein Verhalten kann uns treffen, aber bedenke: Immer dann, wenn uns jemand wehtut, setzen wir uns mit uns selbst auseinander.
Daraus lernen wir. Und wenn es bloß ist, dass wir etwas Bestimmtes nicht wollen. Erst dann können wir beschließen, es nicht mehr zuzulassen.

...ist deine eigene Geschichte

In diesem Buch haben wir dies und darüber hinaus noch viel mehr erlebt. Denn du hast deine eigenen Gedanken aufgeschrieben, die sich mit einigen Kernaussagen befassen. Das macht dich zu einem Teil von ihnen. Wenn du nun zurück blätterst, wirst du feststellen: Es geht in diesem Buch um dich.

Du weißt jetzt wie sehr dich deine Welt tragen kann, wie du Angst erkennst und wie du sie loslassen kannst, dass es sich nicht lohnt schwarzzumalen. Du kennst deine Ziele und weißt, was du bereit bist dafür einzusetzen. Du hast dir Wichtiges über Freundschaft aufgeschrieben und gelernt, das Hier und Jetzt zu nutzen. Du hast deine liebste Erinnerung festgehalten, weißt, wen du so gern hast, dass du ihn beschützen möchtest und weißt nun auch, wie du dem Gefühl, Zeit verloren zu haben, mit Leichtigkeit entgegentreten kannst. Am Ende der letzten Geschichte hast du aufgeschrieben wem du Liebe zukommen lässt, unser wertvollstes Geschenk. Es ist nicht bloß wichtig Liebe zu erfahren, sondern auch zu wissen, dass wir selbst jemand anderen lieben können.

Nun beglückwünsche ich dich von Herzen, denn du hältst einen Schatz in der Hand.
Liebe, Glaube, Aufrichtigkeit, Erinnerungen und Hoffnung sind darin enthalten. Fünf Dinge, die wir

häufig verloren zu haben glauben.

Die gute Nachicht: Sie sind hier und sie kommen ganz allein aus dir.

Solltest du also einmal nicht wissen, wo dir der Kopf steht, nimm dieses Buch zur Hand. Hier wirst du die Dinge wiederfinden, die dir wichtig sind. Sie stammen aus deiner Mitte.

Und sollte es erst nach langer Zeit wieder in deine Hände fallen, dann wirst du feststellen, dass es neue Dinge gibt, die wichtig für dich geworden sind. Denn wir entwickeln uns immerzu.

Ebenso geht es im Leben zu. Es ist so voller Ereignisse, dass wir nicht mehr wissen, ob sie uns glücklich oder zufrieden machen und wenn ja, warum? Es ist nicht immer rosig. Dies aber hat einen Sinn. So wie ein Radiergummi, der dazu da ist Fehler zu machen. Wie können wir Glück genießen, wenn wir die schlechten Dinge nicht erkennen?

Deshalb ist das Leben schön, nur tritt die Schönheit häufig bescheiden durch die Hintertür ein, ohne dass wir sie bemerken.

*Das Leben
ist schön, durch
die Hintertür*

Mehr zum Lesen?

Milva Lotti ist eine Koryphäe auf ihrem Gebiet. Niemand sonst kennt die Großstadtgemüter Hamburgs besser als sie, ohne jemals ihre Gesichter gesehen zu haben. Denn Milvas Sorgentelefon ist der Geheimtipp unter den Verzweifelten der Stadt.

Als ihre Klienten der Reihe nach beginnen ans andere Ufer zu schwimmen, ist die Verwunderung groß. Ganz unverhofft findet sie die Ursache dafür. Kurzerhand beschließt sie, alle Distanz und Objektivität umzuwerfen und sich in ein Abenteuer zu begeben. Der Preis dafür scheint verlockend: wild flatternde Schmetterlinge, die im Laufe ihrer Ehejahre verloren gegangen sind.

Taschenbuch:
140 Seiten

Verlag:
Books on Demand
(11. Mai 2014)

Sprache: Deutsch

ISBN-10:
3735721583
ISBN-13:
978-3735721587

auch als eBook

online, wo's Bücher gibt